中华思想座右铭丛书

立身处世座右铭

李路华 ◆ 编著

吉林人民出版社

图书在版编目(CIP)数据

立身处世座右铭 / 李路华编著. -- 长春：吉林人
民出版社, 2012.5

(中华思想座右铭丛书)

ISBN 978-7-206-09069-1

Ⅰ.①立… Ⅱ.①李… Ⅲ.①座右铭—中国—青年读
物②座右铭—中国—少年读物 Ⅳ.①H136.3-49

中国版本图书馆CIP数据核字(2012)第113475号

立身处世座右铭

LISHENCHUSHI ZUOYOUMING

编　　著:李路华

责任编辑:刘　涵　　　　　　封面设计:七　洱

吉林人民出版社出版 发行(长春市人民大街7548号　邮政编码:130022)

印　　刷:永清县晔盛亚胶印有限公司

开　　本:670mm×950mm　　　1/16

印　　张:10　　　　　字　　数:70千字

标准书号:ISBN 978-7-206-09069-1

版　　次:2012年7月第1版　　印　　次:2023年6月第3次印刷

定　　价:35.00元

如发现印装质量问题,影响阅读,请与出版社联系调换。

目录 CONTENTS

志　向

目录 CONTENTS

目录
CONTENTS

目录 CONTENTS

惜 时

爱　国

处　世

目录 CONTENTS

志 向

志之难也，不在胜人，在自胜。

—— （先秦）韩非《韩非子·喻老》

【翻译】

立志的困难，不在于胜过别人，而在于战胜自己。

【链接】

韩非子

韩非（约前281—前233年），又称韩非子，生活于战国末期，是中国古代著名法家思想的代表人物。

韩非与李斯学于儒家大师荀子，后因其学识渊博，被秦王政召唤入秦，正欲重用，不久惨遭其旧年同窗李斯害死。韩非死后，各国国君与大臣竞相研究其著作《韩非子》，秦王政在他的思想指引下，完成统一六国的帝业。

韩非总结法家三位代表人物商鞅、申不害、慎到的思想，主张君王应该用法、术、势三者结合起来治理国家，此为法家之博采众长之集大成者。

《韩非子》

《韩非子》又称《韩子》，是中国先秦时期法家代表人物韩非的论著，是先秦法家思想集大成的作品，内容充满批判色彩，并汲取先秦诸子多派的观点，也是中国历史上第一部对《道德经》加以注释的著作。

《韩非子》呈现出韩非极为重视唯物主义与功利主义思想的倾向，积极倡导君主专制主义理论。《史记》中记载：秦王见《孤愤》《五蠹》之书，曰：“嗟乎，寡人得见此人与之游，死不恨矣！”可见当时秦王的重视。《韩非子》也是间接补遗史书对中国先秦时期史料不足的参考来源之一，著作中许多当代民间传说和寓言故事也成为成语典故的出处。其目的是为专制君主提供富国强兵的霸道思想。

《韩非子》共20卷，分为55篇，总字数达十多万言。在体裁上，有论说体、辩难体、问答体、经传体、故事体、解注体、上书体等7种。辩难体与经传体为韩非首创。在内容方面，则论“法”“术”“势”“君道”等，条理清楚，寓意深刻。

人无善志，虽勇必伤。

——（汉）《淮南子·主术训》

【注解】

(1) 善：好。

(2) 勇：勇敢。

(3) 伤：伤害。

【翻译】

人没有好的志向，即使勇敢，也一定会受到伤害。

【链接】

《淮南子》

《淮南子》又名《淮南鸿烈》《刘安子》，是西汉宗室淮南王刘安主持门下宾客编写的。由于刘安是淮南王，故而得名。《淮南子》著录内21篇，外33篇，内篇论道，外篇杂说。今存内21篇。全书内容庞杂，它将道、阴阳、墨、法和一部分儒家思想糅合起来，但主要的宗旨倾向于道家。《汉书·艺文志》则将它列入杂家。实际上，该书是以道家思想为指导，吸收诸子百家学说，融会贯通而成，是战国至汉初黄老之学理论体系的代表作。《淮南子》在阐明哲理时，旁涉奇物异类、鬼神灵怪，保存了一部分神话材料，像"女娲补天""后羿射日""共工怒触不周山""嫦娥奔月""大禹治水"等古代神话，主要靠本书得以流传。

老骥伏枥，志在千里；烈士暮年，壮心不已。

—— （三国）曹操《步出夏门行·龟虽寿》

【注解】

（1）骥：千里马。

（2）枥：马槽。

（3）伏枥：就着马槽吃食。

【翻译】

老的千里马虽然趴在槽头吃食，但仍想奔驰千里，比喻人老了仍有雄心壮志。

【链接】

曹操抒怀

汉献帝建安十二年五月，曹操在官渡之战中，以少胜多，大败袁绍。此后军威大振，曹操也更加雄心勃勃。这年七月，曹操胸怀统一北方之志，统领大军出卢龙寨，日夜抄道疾进，远征乌桓。大军一到柳城，即大败乌桓骑兵，杀死了单于蹋顿。袁绍的儿子袁尚、袁熙从柳城逃至平州公孙康处。曹操手下的大将知道了这件事后，劝曹操乘胜出击，拿下平州，剿灭袁氏兄弟。曹操深知公孙康与二袁不和，如果急着去进攻平州，那么他们肯定会合伙抵抗；如果再等一段时间，他们一定会自相残杀。于是不顾众大将的建议，下令收兵。没几天，公孙康果然把袁氏兄弟的头颅送了过来，这样曹操北征乌桓、统一北方的大业算是完成了。中秋刚过，曹操便令班师回朝。大军经过十多天的艰难跋涉，终于走出了满目荒凉的柳城，来到了河北昌黎。这里东临碣石，西邻沧海。曹操屹立山巅，眺望大海。这时夕阳西下，碧海金光，远处的岛屿若隐若现，近处的海浪滚滚向前。眼见如此壮丽的景色，曹操不禁诗兴大发，脱口吟道：

东临碣石，以观沧海。

水何澹澹，山岛竦峙。

树木丛生，百草丰茂。

秋风萧瑟，洪波涌起。

日月之行，若出其中。

星汉灿烂，若出其里。

幸甚至哉，歌以咏志。

返回军营之后，曹操仍心潮起伏，久久不能平静。他想：北方的袁绍、蹋顿虽然已讨平，南方的孙权、刘备却仍然各雄踞一方，中国的统一大业尚未实现。这时的曹操已是53岁的年纪了，但历史的重任肩负在身，统一中国大业的使命仍在召唤着他。想着想着他激情难耐，豪情又起，大踏步跨至案前，挥笔写下：

神龟虽寿，犹有竟时。

腾蛇乘雾，终为土灰。

老骥伏枥，志在千里。

烈士暮年，壮心不已。

盈缩之期，不但在天。

养怡之福，可得永年。

幸甚至哉，歌以咏志。

这两首诗表现了曹操热爱自然、蔑视天命、老当益壮、志在千里的积极进取精神，抒发了他那变革现实、统一中国的豪情壮志。

苟怀四方志，所在可游盘。

—— （晋）欧阳建《临终诗》

【注解】

（1）苟：如果。

（2）游：游历。

（3）盘：盘桓。

【翻译】

如果有四海为家的志向，走到哪里都可以安身立命。

【链接】

欧阳建与《临终诗》

欧阳建（？—300年），字坚石，西晋渤海南皮（今河北南皮）人。历任尚书郎、冯翊（今陕西大荔）太守，"八王之乱"时被赵王司马伦所害。

欧阳建是西晋文学家、思想家，临刑时，曾作《临终诗》。这首诗真实、完整地表现了欧阳建临刑时复杂的思想感情，从而反映了魏晋时期"天下多故，名士少有全者"的险恶现实，全诗如下：

伯阳适西戎，孔子欲居蛮。

苟怀四方志，所在可游盘。

况乃遭屯蹇，颠沛遇灾患。

古人达机兆，策马游近关。

咨余冲且暗，抱责守微官。

潜图密已构，成此祸福端。

恢恢六合间，四海一何宽。

天网布纮纲，投足不获安。

松柏隆冬悴，然后知岁寒。

不涉太行险，谁知斯路难。

真伪因事显，人情难豫观。

穷达有定分，慷慨复何叹。

上负慈母恩，痛酷摧心肝。

下顾所怜女，恻恻心中酸。

二子弃若遗，念皆遘凶残。

不惜一身死，惟此如循环。

执纸五情塞，挥笔涕汍澜。

人患志之不立，亦何忧令名不彰邪？

——（南朝·宋）刘义庆《世说新语·自新》

【注解】

（1）亦：又。

（2）彰：传扬。

【翻译】

一个人只怕不能立定志向，又何必担忧美名得不到传扬呢？

【链接】

《世说新语》

《世说新语》是中国魏晋南北朝时期"笔记小说"的代表作，由南朝宋刘义庆召集门下食客共同编撰。主要记述士人的生活和思想及统治阶级的情况，反映了魏晋时期文人的思想言行和上层社会的生活面貌。全书分上、中、下三卷，依内容分有"德行""言语""政事""文学"等，共三十六类，每类收有若干则，全书共一千多则，每则文字长短不一，有的数行，有的三言两语，由此可见笔记小说"随手而记"的特性。

丈夫为志，穷当益坚，老当益壮。

——（南朝·宋）范晔《后汉书·马援传》

【注解】

（1）老：老年。

（2）当：应该。

（3）益：更加。

（4）壮：强壮，雄壮。

【翻译】 做个大丈夫，越穷困，志向越要坚定；越年老，志气越要壮盛。

【链接】

范　晔

范晔（398—445年），字蔚宗，南朝宋顺阳人，南北朝时期著名史学家。范晔早年曾任彭城王刘义康的参军，后官至尚书吏部郎，宋文帝元嘉元年（公元424年）因事触怒刘义康，左迁为宣城郡（今安徽省宣城市）太守。后来他又几次升迁，任左卫将军、太子詹事。元嘉二十二年（公元445年），因有人告发他密谋拥立刘义康，于是以谋反的罪名被处以死刑。范晔一生对社会的最大贡献是撰写了《后汉书》。范晔以《东观汉记》为蓝本，对其他各家撰著博采众长，斟酌取舍，并自定体例，订伪考异，删繁补略，写成《后汉书》。

由于他的《后汉书》文约事详，逐渐取代了前人的著作。

马援胸怀大志

东汉名将马援，从小就胸怀大志，他打算到边疆去发展畜牧业。马援长大以后，当了扶风郡的督邮。有一次，郡太守派他送犯人到长安。半路上，他觉得犯人怪可怜的，不忍心把他送去受刑，就把他放走了。自己也只好丢了官，逃亡到北朝郡躲起来。这时恰好赶上大赦，以前的事不再追究，于是他安心地搞起畜牧业和农业生产。不到几年工夫，马援成了一个大畜牧主和地主，他有牛羊几千头，粮食几万石。但是，他对富裕的生活并不满足。他把自己积攒的财产、牛羊，都分送给他的兄弟、朋友。他说："一个人做个守财奴，太没有意思了。"他常对朋友说："做个大丈夫，总要'穷当益坚，老当益壮'才行。"就是说，越穷困，志向越要坚定；越年老，志气越要壮盛。后来，马援成了东汉有名的将领，为光武帝立下了很多战功。

有志者事竟成。

—— （南朝·宋）范晔《后汉书·耿弇》

【注解】

（1）竟：终究。

【翻译】

有志气的人，想达到的目标终有实现的那一天。

【链接】

《后汉书》

《后汉书》由我国南朝刘宋时期的历史学家范晔编撰，是一部记载东汉历史的纪传体史书，"二十四史"之一。《后汉书》是继《史记》《汉书》之后又一部私人撰写的重要史籍，与《史记》《汉书》《三国志》并称为"前四史"。本书分十纪、八十列传和八志（司马彪续作），主要记述了上起东汉的汉光武帝建武元年，下至汉献帝建安二十五年，共195年的史事。

《后汉书》大部分沿袭《史记》《汉书》的现成体例，但在成书过程中，范晔根据东汉一代历史的具体特点，则又有所创新，有所变动。其一，他在帝纪之后添置了皇后纪。东汉从和帝开始，连续有六个太后临朝。把她们的活动写成纪的形式，既名正言顺，又能准确地反映这一时期的政治特点。其二，《后汉书》新增加了《党锢

传》《宦者传》《文苑传》《独行传》《方术传》《逸民传》
《列女传》七个类传。为列女立传，最早始于西汉的刘
向，范晔在刘向的启发下增写了《列女传》，他是第一位
在纪传体史书中专为妇女作传的史学家。范晔写《列女
传》的宗旨是："搜次才行尤高秀者，不必专在一操而
已。"范晔的《列女传》中，有择夫重品行而轻富贵的桓
少君、博学的班昭、断机劝夫求学的乐羊子妻、著名才
女蔡琰等，一共17位杰出女性，其选择标准不拘于三纲
五常的界域。

老当益壮，宁知白首之心？穷且益坚，不坠青云之志。

——（唐）王勃《滕王阁序》

【注解】

（1）宁：岂能，哪里，怎么。

（2）移：改变，更改。

（3）白首：头发白了，借指年老。

（4）心：志向，志愿。

（5）青云之志：奋发向上的志向。

【翻译】

年纪老迈而情怀更加豪壮，岂能因白发而改变人的
心愿？境遇艰难而意志越发坚定，决不会坠掉直凌青云

的志向。

【链接】

王　勃

王勃（649—676年），字子安，绛州龙门（今山西河津）人。唐代诗人。王勃与杨炯、卢照邻、骆宾王齐名，并称"初唐四杰"，其中王勃是"初唐四杰"之冠。他的诗作"壮而不虚，刚而能润，雕而不碎，按而弥坚"，对转变风气起了很大作用。王勃的诗今存八十多首，赋和序、表、碑、颂等文，今存九十多篇。

《滕王阁序》

《滕王阁序》全称《秋日登洪府滕王阁饯别序》，亦名《滕王阁诗序》，是骈文名篇，为王勃所作。滕王阁在今江西省南昌市赣江滨。唐高祖之子滕王李元婴任洪州都督时始建，后阎伯屿为洪州牧，宴群僚于阁上，王勃省父过此，即席而作。文中铺叙滕王阁一带形势景色和宴会盛况，抒发了作者"无路请缨"之感慨。文章对仗工整，言语华丽。

原文：

豫章故郡，洪都新府，星分翼轸，地接衡庐。襟三江而带五湖，控蛮荆而引瓯越。物华天宝，龙光射牛斗之墟；人杰地灵，徐孺下陈蕃之榻。雄州雾列，俊采星驰。台隍枕夷夏之交，宾主尽东南之美。都督阎公之雅望，棨戟遥临；宇文新州之懿范，襜帷暂驻。十旬休假，胜友如云；千里逢迎，高朋满座。腾蛟起凤，孟学士之词宗；紫电清霜，王将军之武库。家君作宰，路出名区；童子何知，躬逢胜饯。

时维九月，序属三秋。潦水尽而寒潭清，烟光凝而暮山紫。俨骖𬴂于上路，访风景于崇阿；临帝子之长洲，得天人之旧馆。层峦耸翠，上出重霄；飞阁流丹，下临无地。鹤汀凫渚，穷岛屿之萦回；桂殿兰宫，即冈峦之体势。

披绣闼，俯雕甍，山原旷其盈视，川泽纡其骇瞩。闾阎扑地，钟鸣鼎食之家；舸舰弥津，青雀黄龙之舳。云销雨霁，彩彻区明。落霞与孤鹜齐飞，秋水共长天一色。渔舟唱晚，响穷彭蠡之滨；雁阵惊寒，声断衡阳之浦。

遥襟甫畅，逸兴遄飞。爽籁发而清风生，纤歌凝而白云遏。睢园绿竹，气凌彭泽之樽；邺水朱华，光照临川之笔。四美具，二难并。穷睇眄于中天，极娱游于暇日。天高地迥，觉宇宙之无穷；兴尽悲来，识盈虚之有数。望长安于日下，目吴会于云间。地势极而南溟深，天柱高而北辰远。关山难越，谁悲失路之人？萍水相逢，尽是他乡之客。怀帝阍而不见，奉宣室以何年？

嗟乎！时运不齐，命途多舛。冯唐易老，李广难封。屈贾谊于长沙，非无圣主；窜梁鸿于海曲，岂乏明时？所赖君子见机，达人知命。老当益壮，宁移白首之心？

穷且益坚，不坠青云之志。酌贪泉而觉爽，处涸辙以犹欢。北海虽赊，扶摇可接；东隅已逝，桑榆非晚。孟尝高洁，空余报国之情；阮籍猖狂，岂效穷途之哭？

勃，三尺微命，一介书生。无路请缨，等终军之弱冠；有怀投笔，慕宗悫之长风。舍簪笏于百龄，奉晨昏于万里。非谢家之宝树，接孟氏之芳邻。他日趋庭，叨陪鲤对；今兹捧袂，喜托龙门。杨意不逢，抚凌云而自惜；钟期既遇，奏流水以何惭？

呜呼！胜地不常，盛筵难再，兰亭已矣，梓泽丘墟。临别赠言，幸承恩于伟饯；登高作赋，是所望于群公。敢竭鄙怀，恭疏短引，一言均赋，四韵俱成。请洒潘江，各倾陆海云尔。

滕王高阁临江渚，佩玉鸣鸾罢歌舞。

画栋朝飞南浦云，朱帘暮卷西山雨。

闲云潭影日悠悠，物换星移几度秋。

阁中帝子今何在？槛外长江空自流。

翻译：

汉代的豫章旧郡，现在称洪都府。它处在翼、轸二星的分管区域，与庐山和衡山接壤。以三江为衣襟，以五湖为腰带，控制楚地，连接瓯越。这里地上物产的精华，乃是天的宝物，宝剑的光气直射牛、斗二星之间；人有俊杰是因为地有灵秀之气，徐孺子竟然在太守陈蕃家下榻（《世说新语》记载，太守陈蕃赏识徐孺子，专门为其在家中设置榻，当徐孺子来的时候，就将榻放下来，徐孺子走了就将榻吊起来，此处应该是称赞滕王阁的东道主欣赏才俊，也有夸赞宾客的成分）。雄伟的州城像雾一样涌起，杰出的人才像星星一样多。城池处于荆楚和华夏交接的地方，宴会上客人和主人都是各地有才华的俊杰。声望崇高的阎都督公，使打着仪仗的高人远道而来；德行美好的宇文新州刺史，让驾着车马的雅士也在此暂时驻扎。正好赶上十日一休的假日，才华出众的朋友多得如云；迎接千里而来的客人，尊贵的朋友坐满宴席。文章的辞彩如蛟龙腾空、凤凰飞起，那是文辞宗主孟学士；紫电和清霜这样的宝剑，出自王将军的武库里。家父做交趾县令，我探望父亲路过这个有名的地方（指洪州）；我年幼无知，却有幸参加这场盛大的宴会。

时间是九月，季节为深秋。蓄积的雨水已经消尽，潭水寒冷而清澈，烟光雾气凝结，傍晚的山峦呈现出紫色。驾着豪华的马车行驶在高高的道路上，到崇山峻岭中观望风景。来到滕王营建的长洲上，看见他当年修建的楼阁。重叠的峰峦耸起一片苍翠，上达九霄；凌空架起的阁道上，朱红的油彩鲜艳欲滴，从高处往下看，地好像没有了似的。仙鹤野鸭栖止的水边平地和水中小洲，极尽岛屿曲折回环的景致；桂树与木兰建成的宫殿，高低起伏像冈峦的样子。打开精美的阁门，俯瞰雕饰的屋脊，放眼远望辽阔的山原充满视野，迂回的河流湖泊使人看了惊叹。房屋排满地面，有不少官宦人家；船只布满渡口，都装饰着青雀黄龙的头形。云消雨散，阳光普照，天空明朗。落霞与孤独的野鸭一齐飞翔，秋天的江水和辽阔的天空浑然一色。渔船唱着歌傍晚回来，歌声响遍鄱阳湖畔；排成行列的大雁被寒气惊扰，叫声消失在衡山南面的水边。

　　远望的胸怀顿时舒畅，飘逸的兴致油然而生。排箫发出清脆的声音，引来阵阵清风；纤细的歌声仿佛凝住不散，阻止了白云的飘动。今日的宴会很像是当年睢园竹林的聚会，在座的诗人文士狂饮的气概压过了陶渊明；又有邺水的曹植咏荷花那样的才气，文采可以直射南朝诗人谢灵运。良辰、美景、赏心、乐事，四美都有，贤主、嘉宾，难得却得。放眼远望半空中，在闲暇的日子里尽情欢乐。天高地远，感到宇宙的无边无际；兴致已尽，悲随之来，认识到事物的兴衰成败有定数。远望长安在夕阳下，遥看绍兴在云海间。地势偏远，南海深不可测；天柱高耸，北极星远远悬挂。雄关高山难以越过，有谁同情不得志的人？在座的各位如浮萍在水上相聚，都是客居异乡的人。思念皇宫却看不见，等待在宣室召见又是何年。

　　唉！命运不顺畅，路途多艰险。冯唐容易老，李广封侯难。把贾谊贬到长沙，并非没有圣明的君主；让梁鸿到海边隐居，难道不是在政治昌明的时代？能够依赖的是君子察觉事物细微的先兆，通达事理的人知道社会人事的规律。老了应当更有壮志，哪能在白发苍苍时改变自己的心志？处境艰难反而更加坚强，不放弃远大崇高的志向。喝了贪泉的水，仍然觉得心清气爽；处在干涸的车辙中，还能乐观开朗。北海虽然遥远，乘着旋风仍可以到达；少年的时光虽然已经消逝，珍惜将来的岁月还不算晚。孟尝品行高洁，却空有一腔报国的热情；怎能效法阮籍狂放不羁，在无路可走时便恸哭而返。

我，地位低下，一介书生。没有请缨报国的机会，虽然和终军的年龄相同；像班超那样有投笔从戎的胸怀，也仰慕宗悫"乘风破浪"的志愿。宁愿舍弃一生的功名富贵，到万里之外去早晚侍奉父亲。不敢说是谢玄那样的人才，却结识了诸位名家。过些天到父亲那里聆听教诲，一定要像孔鲤那样趋庭有礼，对答如流；今天举袖作揖谒见阎公，好像登上龙门一样。司马相如倘若没有遇到杨得意那样引荐的人，虽有文才也只能独自叹惋。既然遇到钟子期那样的知音，演奏高山流水的乐曲又有什么羞惭呢？

唉！名胜的地方不能长存，盛大的宴会难以再遇。当年兰亭宴饮集会的盛况已成为陈迹了，繁华的金谷园也成为荒丘废墟。临别赠言，作为有幸参加这次盛宴的纪念；登高作赋，那就指望在座的诸公了。冒昧给大家献丑，恭敬地写下这篇小序，我的一首四韵小诗也已写成。请各位像潘江、陆机那样，展现如江似海的文才吧。

壮美的滕王阁俯临着江边的沙渚，

佩玉鸣，驾铃响，歌舞已经结束。

雕花的栋梁晨光中缭绕着南浦的白云，
彩绘的朱帘暮霭里卷收起西山的阵雨。
阴云投影深潭，每日里悠悠飘游，
人物换，时光移，已过了几度春秋。
楼阁中游乐的滕王如今又在哪里？
门槛外大江水却依然寂寞地奔流！

大丈夫必有四方之志。

——（唐）李白《上安州裴长史书》

【注解】

（1）必：一定。

（2）四方：天下。

【翻译】

大丈夫一定要志在天下，以国为家。

【链接】

李白的诗

李白是唐代伟大的浪漫主义诗人。其诗风格豪放，飘逸洒脱，想象丰富，语言流转自然，音律和谐多变。李白善于从民歌、神话中汲取营养素材，构成其特有的瑰丽绚烂的色彩，是屈原以来积极浪漫主义诗歌的新高峰。屈原之后，李白第一个真正能够广泛地从当时的民间文艺和秦、汉、魏以来的乐府民歌吸取其丰富营养，集中提高而形成他的独特风貌。他具有超乎寻常的艺术天才和磅礴雄伟的艺术力量。一切可惊可喜、令人兴奋、发人深思的现象，无不尽归笔底。李阳冰在《草堂集序》中称赞李白："千载独步，惟公一人。"杜甫对李白评价甚高，称赞他的诗"惊风雨""泣鬼神"，而且无敌于世、卓然不群。韩愈对李白极为推崇，在《调张籍》中有言："李杜文章在，光焰万丈长。"在《石鼓歌》中叹道："少陵无人谪仙死。"白居易曾作《李白墓》诗，凭吊李白"可怜荒陇穷泉骨，曾有惊天动地文"。唐文宗御封李白的诗歌、裴旻的剑舞、张旭的草书为"三绝"。

李白的诗歌现存近千首，诗歌题材多种多样。由于生于盛唐时期，诗歌以浪漫为主，豪放大气。其代表作包括：七言古诗《蜀道难》《行路难》《梦游天姥吟留别》《将进酒》《梁甫吟》等；五言古诗《古风》59首、《长干行》《子夜吴歌》《宣州谢朓楼饯别校书叔云》等；七言绝句《望庐山瀑布》《望天门山》《早发白帝城》等。

李白生活在唐代极盛时期，具有"济苍生""安黎元"的进步理想，毕生为实现这一理想而奋斗。他的大量诗篇既反映那个时代的繁荣气象，也揭露和批判统治集团的荒淫和腐败，表现出蔑视权贵、追求自由和理想的积极精神。

李白的诗具有"笔落惊风雨，诗成泣鬼神"的艺术魅力，这也是他的诗歌最鲜明的艺术特色。李白调动一切浪漫主义手法，使诗歌内容和形式达到了完美的统一。

在李白的诗中，充满了极度的夸张、贴切的比喻和惊人的幻想，让人感受到的却是高度的真实。

在李白的诗中，常将想象、夸张、比喻、拟人等手法综合运用，从而形成神奇、瑰丽的意境，这就是李白的浪漫主义诗作给人以豪迈奔放、飘逸若仙的韵致的原因所在。

李白的诗歌对后代产生了极为深远的影响。中唐的韩愈、孟郊、李贺，宋代的苏轼、陆游、辛弃疾，明清的高启、杨慎、龚自珍等著名诗人，都受到李白诗歌的巨大影响。

长风破浪会有时，直挂云帆济沧海。

—— （唐）李白《行路难》

【注解】

（1）长风破浪：《宋书·宗悫传》说，宗悫的叔父问他的志向是什么，宗悫说："愿乘长风破万里浪。"后人用"乘风破浪"比喻施展政治抱负。

（2）会：一定。

（3）云帆：像彩云一样的白帆。

（4）济：渡。

【翻译】

尽管前路障碍重重，但仍将会有一天要像刘宋时宗悫所说的那样，乘长风破万里浪，挂上云帆，横渡沧海，到达理想的彼岸。

【链接】

《行路难》

《行路难》是乐府旧题，很多诗人均用过此题，其中最著名的是唐代伟大诗人李白创作的《行路难》三首。三首诗联系紧密，不可分割。公元742年，李白奉诏入京，担任翰林供奉。李白本是个积极入世的人，才高志大，很想像管仲、张良、诸葛亮等杰出人物一样干一番大事业。可是入京后，他却没被唐玄宗重用，还受到权臣的谗毁、排挤，两年后被"赐金放还"，变相撵出了长安。这三首诗抒写了诗人在政治道路上遭遇艰难后的感慨。在诗中，作者的感情跌宕起伏，思维跳跃，气势高昂，使作品具有独特的艺术魅力，成为后人广为称颂的千古名篇。

原文：

【其一】

金樽清酒斗十千，玉盘珍馐直（通"值"）万钱。

停杯投箸不能食，拔剑四顾心茫然。

欲渡黄河冰塞川，将登太行雪满山。

闲来垂钓碧溪上，忽复乘舟梦日边。

行路难！行路难！多歧路，今安在？

长风破浪会有时，直挂云帆济沧海。

翻译：

金杯中的美酒一斗价高十千，玉盘里的佳肴则值万钱。

但是我放下杯子，放下筷子，不能下咽，抽出宝剑，环顾四周，心中一片茫然。

想渡过黄河，冰雪却冻封了河川；准备登上太行山，大雪又堆满了山。

闲来垂钓，向往有姜太公般的机遇，又想象是伊尹梦见驾船经过太阳的旁边。行路难啊！行路难！岔路又多，如今的道路又在哪里？

总会有一天，我能乘长风破万里浪，高挂着风帆渡过茫茫大海，到达理想彼岸。

【其二】

大道如青天，我独不得出。

羞逐长安社中儿，赤鸡白雉赌梨栗。

弹剑作歌奏苦声，曳裾王门不称情。

淮阴市井笑韩信，汉朝公卿忌贾生。

君不见昔时燕家重郭隗，拥篲折节无嫌猜。

剧辛乐毅感恩兮，输肝剖胆效英才。

昭王白骨萦蔓草，谁人更扫黄金台？

行路难，归去来！

翻译：

人生道路如此宽广，唯独我没有出路。

我不愿意追随长安城中的富家子弟，去搞斗鸡走狗一类的赌博游戏。

像冯谖那样弹剑作歌发牢骚，在权贵之门卑躬屈节是不合我心意的。

当年淮阴百姓讥笑韩信怯懦无能，汉朝公卿大臣嫉妒贾谊才能超群。

你看，古时燕昭王重用郭隗，拥篲折节，谦恭下士，毫不嫌疑猜忌。

剧辛和乐毅感激知遇的恩情，竭忠尽智，以自己的才能来报效君主。

然而燕昭王早就死了，还有谁能像他那样重用贤士呢？

世路艰难，我只得归去啦！

【其三】

有耳莫洗颍川水，有口莫食首阳蕨。

含光混世贵无名，何用孤高比云月？

吾观自古贤达人，功成不退皆殒身。

子胥既弃吴江上，屈原终投湘水滨。

陆机雄才岂自保？李斯税驾苦不早。

华亭鹤唳讵可闻？上蔡苍鹰何足道？

君不见吴中张翰称达生，秋风忽忆江东行。

且乐生前一杯酒，何须身后千载名？

翻译：

不要学许由用颍水洗耳，不要学伯夷和叔齐隐居以采薇而食。

在世上活着贵在韬光养晦，为什么要隐居？清高到自比云月？

我看自古以来的贤达之人，功绩告成之后不自行隐退的都死于非命。

伍子胥被吴王弃于吴江之上，屈原最终抱石自沉汨罗江中。

陆机如此雄才大略也无法自保，李斯以自己悲惨的结局为苦。

陆机是否还能听见华亭的别墅间的鹤唳？

李斯是否还能在上蔡东门牵鹰打猎?

你不知道吴中的张翰是个旷达之人，因见秋风起而想起江东故都。

生时有一杯酒就应尽情欢乐，何须在意身后千年的虚名?

会当凌绝顶，一览众山小。

——（唐）杜甫《望岳》

【注解】

（1）会当：应当。

（2）凌：登上。

【翻译】

一定要登上泰山的顶峰，周围的其他山峰便都在脚下了。这是化用孔子的名言"登泰山而小天下"，但用在这里却有深刻的含义：它不仅仅是诗人要攀登泰山极顶的誓言，也是诗人要攀登人生顶峰的誓言。

【链接】

杜　甫

杜甫（712—770年），字子美，自号少陵野老，世称"杜少陵""杜工部"。河南巩县（今河南巩义）人，原籍湖北襄阳。唐朝伟大的现实主义诗人，被后人称为"诗圣"，与李白并称"李杜"。

杜甫曾任左拾遗、检校工部员外郎，因此后世称其"杜工部"。他以古体诗、律诗见长，风格多样，以"沉郁顿挫"四字可以准确概括出其作品的风格，而以沉郁为主。

杜甫生活在唐朝由盛转衰的历史时期，其诗多涉笔社会动荡、政治黑暗、人民疾苦，因此其诗被誉为"诗史"。杜甫一生写诗一千四百多首，其中很多是传颂千古的名篇，如"三吏"（《石壕吏》《新安吏》《潼关吏》）、"三别"（《新婚别》《无家别》《垂老别》）。杜甫的诗篇流传数量是唐诗里最多且最广泛的，对后世影响深远，有《杜工部集》传世。

古之立大事者，不惟有超世之材（才），亦必有坚韧不拔之志。

——（宋）苏轼《晁错论》

【注解】

（1）立：成就，做。

（2）不惟：不仅。

（3）坚韧不拔：坚强不屈，坚定不移。

【翻译】

古时候那些干出一番大事业的人，不仅有超世之才，还有在任何情况下都坚定而毫不动摇的志向。

【链接】

苏　轼

苏轼（1037—1101年），字子瞻，一字和仲，号东坡居士，眉州眉山（今四川眉山市）人。其诗、词、赋、散文均成就极高，且善书法和绘画，是中国文学艺术史上罕见的全才，也是中国数千年历史上被公认文学艺术造诣最杰出的大家之一。其散文与欧阳修并称"欧苏"；诗与黄庭坚并称"苏黄"，又与陆游并称"苏陆"；词与辛弃疾并称"苏辛"。他是北宋四大书法家（苏轼、米芾、黄庭坚、蔡襄）之一，其画的成就则是开创了湖州画派。

为天地立心，为生民立道，为去圣继绝学，为万世开太平。

——（宋）张载《语录拾遗》

【注解】

（1）心：良知。

（2）生民：百姓。

（3）道：道统。

（4）去圣：往日的圣人。

（5）绝学：独到的学问。

【翻译】

为天下人树立良知，为百姓建立道统，继承往日圣人的遗志，为后代开辟永世的太平。

【链接】

张　载

张载（1020—1077 年），字子厚。北宋陕西凤翔郿县（今陕西眉县）横渠镇人，世称横渠先生。他是程颢、程颐的表叔，北宋五子（张载、周敦颐、邵雍、程颐、程颢）之一，理学家、哲学家，理学的奠基者之一。张载一生主张"实学"，强调经世致用，研究面广泛，对天文、历算、农学等自然科学和军事、政治等都有独到的成果。张载一生著述颇丰，明代的沈自彰将其著作编为《张子全书》，共 15 卷（内附录 1 卷），内容包括《西铭》《正蒙》《经学理窟》《易说》《语录钞》等哲学论著。

立志在坚不在锐，成功在久不在速。

——（宋）张孝祥《论治体札子》

【注解】

（1）坚：坚定。

（2）锐：匆忙。

（3）久：持之以恒。

【翻译】

树立志向一定要坚定，而不要匆忙；事情的成功在于持之以恒，而不在一时的快速。

【链接】

张孝祥

张孝祥（1132—1170年），字安国，别号于湖居士，历阳乌江（今安徽省和县）人，生于明州鄞县（今浙江宁波）。南宋著名词人、书法家。有《于湖居士文集》《于湖词》传世。《全宋词》辑录其223首词。

男儿无英标，焉用读书博？

——（宋）刘过《怀古四首·为知己魏倅元长赋
兼呈王永叔宗丞戴少望》

【注解】

（1）英标：远大的志向。

（2）焉：哪里。

（3）博：多。

【翻译】

男子汉如果没有远大的志向，哪里还用读许许多多的书呢？

【链接】

刘 过

刘过（1154—1206年），字改之，号龙洲道人，太和（今江西泰和）人，一称庐陵（今江西吉安）人。南宋词人。刘过早年流落江湖，重义气，力主恢复北土，与岳飞之孙、文学家岳珂交好，与辛弃疾有唱和，词风亦相近。著有《龙洲集》《龙洲词》，存词七十余首。

男儿不展风云志，空负天生八尺躯。

——（明）冯梦龙《警世通言·旌阳宫铁树镇妖》

【注解】

（1）展：施展。

（2）风云志：远大的志向。

（3）空：白白。

（4）负：辜负。

【翻译】

男子汉如果不能施展远大的志向，就白白辜负了上天赋予的八尺身躯。

【链接】

冯梦龙

冯梦龙（1574—1646年），字犹龙，又字公鱼、子犹、耳犹，号龙子犹、墨憨斋主人、吴下词奴、姑苏词奴、前周柱史、顾曲散人、绿天馆主人等，南直隶苏州府长洲县（今江苏省苏州市）人。明代文学家、戏曲家，同其兄画家冯梦桂、其弟诗人冯梦熊并称"吴下三冯"。他的作品比较强调感情，最有名的作品为《喻世明言》（旧称《古今小说》）、《警世通言》《醒世恒言》，合称"三言"。"三言"与凌濛初的《初刻拍案惊奇》《二刻拍案惊奇》合称"三言二拍"，是中国白话短篇小说的经典代表。

不可以年少而自恃，不可以年老而自弃。

——（明）冯梦龙《警世通言·老门生三世报恩》

【注解】

（1）恃：依靠，凭借。

（2）弃：放弃。

【翻译】年轻人不要自以为拥有青春而不积极进取，老年人不要因为时日不多而放弃进取。

【链接】

《警世通言》

《警世通言》是冯梦龙纂辑的白话短篇小说集，与另两种话本小说集《喻世明言》（即《古今小说》）、《醒世恒言》合称"三言"。该书为"三言"中之第二辑,刊于天启四年(1624年),收录宋、元、明时期话本、拟话本40篇,都经过编撰者不同程度的加工、整理。题材或来自现实生活,或取自前人笔记小说。有反映市民生活的《崔待诏生死冤家》,反映妇女生活的《小夫人金钱赠平少》《白娘子永镇雷峰塔》《杜十娘怒沉百宝箱》及反映爱情生活的《乐小舍生觅偶》等作品。有些作品中夹杂着某些落后的思想成分,存在局限性。

志不立,天下无可成之事。

——(明)王守仁《教条示龙场诸生》

【注解】

(1)志:奋斗目标。

【翻译】

志向不确定,则什么事情也做不成。

【链接】

王守仁

王守仁(1472—1529年),字伯安,号阳明子,世称阳明先生,故又称王阳明,浙江余姚人(今浙江余姚)。明代最著名的思想家、哲学家、文学家和军事家,陆王心学之集大成者,精通儒家、佛家、道家,能统军征战,一生事功显赫，是中国历史上罕见的全能大儒，故又被称"真三不朽"。

王守仁生于明朝中叶，当时政治腐败，社会动荡，学术颓败，王守仁试图力挽狂澜，拯救人心，于是创立"身心之学"，倡良知之教，修万物一体之仁。

王守仁是宋明时期心学集大成者。王守仁继承陆九渊强调"心即是理"之思想，反对程颐、朱熹通过事事物物追求"至理"的"格物致知"方法，因为事理无穷无尽，格之则未免烦累，所以提倡从自己内心中去寻找"理"，认为"理"全在人"心"，"理"化生宇宙天地万物，人秉其秀气，故人心自秉其精要。

在知与行的关系上，王守仁从"天地万物本吾一体"出发，强调要知，更要行，知中有行，行中有知，所谓"知行合一"，二者互为表里，不可分离。知必然要表现为行，不行则不能算真知。

王守仁的学说以"反传统"的姿态出现，在明代中期以后，形成了阳明学派，影响很大，他广收门徒，遍及各地。王守仁死后，其哲学思想远播海外，特别是对日本学术界有很大的影响，日本大将东乡平八郎就有一块"一生伏首拜阳明"的腰牌。阳明学在日本也直接成为明治维新中传统思想抵制全盘西化的基础，所以现在的日本，其传统保留得比中国好很多。

王守仁的文学成就也很高，但往往被其事功、哲学所掩盖。《古文观止》中收录有王守仁的名篇《瘗旅文》

《教条示龙场诸生》。

人之生，不患气质之不美，而患立志之不高。

—— （明）吴与弼《尚友轩记》

【注解】

（1）患：担心。

（2）气质：先天的素质。

【翻译】

人生在世，不担心先天的素质不好，而担心不能树立远大的志向。

【链接】

吴与弼

吴与弼（1391—1469年），初名梦祥、长弼，字子傅（一作子传），号康斋，明崇仁县莲塘（今抚州市崇仁县东来乡）人。崇仁学派创立者，明代学者、诗人，著名理学家、教育家。

吴与弼的理学，"上无所传"，自学自得，身体力行，他的理学思想，概括起来即天道观、性善观、践行观、苦乐观。

吴与弼不仅是明初一位著名的理学家，而且是一位著名的教育家。在中国历史上，他是第一个提出"劳动与读书相结合"的人,其"教育不能脱离生活"的理论,是他教育思想的一个重要内容。

吴与弼重求心得,"不事著述",故其著作不多,主要有语录体之《日录》1卷。今有明末崇祯刻本《康斋文集》12卷。清康熙间将其《日录》汇入,称《吴先生集》。他的诗文大都是积中发外之作,风格清俊,读了能使人自然兴起。吴与弼有诗7卷,奏议、书信、杂著1卷,记、序、其他各1卷。其诗不下千首,绝句更具特色,诗文清新流畅,淳实近理。其文集收入《四库全书》集部别集类。

志不真则心不热,心不热则功不紧。

—— (清) 颜元《习斋先生言行录·杜生》

【注解】

(1) 真:纯真。

(2) 热:热切。

(3) 功:做事。

(4) 紧:紧迫。

【翻译】

志向不纯真,内心就不热切;内心不热切,做事就没有紧迫感。

自 强

天行健，君子以自强不息；地势坤，君子以厚德载物。

——《易经·乾》

【注解】

（1）天：自然。

（2）行：运动。

（3）健：刚强劲健。

（4）自强：自己发愤图强。

（5）不息：不停息。

（6）地势：大地的气势。

（7）坤：厚实和顺。

（8）厚：增加。

（9）载：容纳

（10）物：万物。

【翻译】

天（即自然）的运动刚强劲健，相应地，君子处世，也应像天一样，自我力求进步，刚毅坚卓，发愤图强，永不停息；大地的气势厚实和顺，君子应增厚美德，容载万物。

【链接】

《易经》

《易经》是中国最古老的文献之一，并被儒家尊为"五经"之首、上古三大奇书（《黄帝内经》《易经》《山海经》）。《易经》最初是占卜用的书，但它的影响遍及中国的哲学、宗教、医学、天文、算术、文学、音乐、艺术、军事和武术。《易经》以一套符号系统来描述状态的变易，表现了中国古典文化的哲学和宇宙观。它的中心思想，是以阴阳两种元素的阴阳一元论去描述世间万物的变化。

《易经》分为《上经》三十卦、《下经》三十四卦。因为《易经》成书很早，大约在西周时期，文字含义随时代演变，《易经》的内容在春秋战国时便已不易读懂，所以春秋战国时代的人撰写了《十翼》，又称为《易传》，以解读《易经》。

故天将降大任于斯人也，必先苦其心志，劳其筋骨，饿其体肤，空乏其身，行拂乱其所为，所以动心忍性，增益其所不能。

——（先秦）《孟子·告诉下》

【翻译】

所以上天将要降落重大责任在这样的人身上，一定要道先使他的内心痛苦，使他的筋骨劳累，使他经受饥饿，以致肌肤消瘦，使他受贫困之苦，使他做的事颠倒错乱，总不如意，通过那些来使他的内心警觉，使他的性格坚定，增加他不具备的才能。

【链接】

孟 子

孟子（前372—前289年），名轲，字子舆（待考，一说字子车或子居），战国时期鲁国人，鲁国庆父后裔。中国古代著名思想家、教育家，战国时期儒家代表人物。孟子继承并发扬了孔子的思想，成为仅次于孔子的一代儒家宗师，有"亚圣"之称，与孔子合称为"孔孟"。

孟子3岁丧父，孟母艰辛地将他抚养成人。孟母管束甚严，"孟母三迁""孟母断织""不敢去妇"等故事，成为千古美谈，是后世母教之典范。《韩诗外传》载有孟母"断织"等故事，《列女传》载有"孟母三迁"等故事。孟子曾仿效孔子，带领门徒周游各国，但不被当时各国所接受，随后退隐，与弟子一起著书。孟子在政治上主张法先王、行仁政；在学说上推崇孔子，攻击杨朱、墨翟。孟子与其弟子的言论汇编于《孟子》一书，是儒家学说的经典著作之一。孟子的文章说理畅达，气势充沛，逻辑严谨，尖锐机智，代表着传统散文写作的一个高峰。孟子在人性问题上提出性善论，即"人之初，性本善"。

王拘而演《周易》，仲尼厄而作《春秋》。屈原放逐，乃赋《离骚》。左丘失明，厥有《国语》。孙子膑脚，《兵法》修列，不韦迁蜀，世传《吕览》。韩非囚秦，《说难》《孤愤》。《诗》三百篇，大抵圣贤发愤之所为作也。

——（汉）司马迁《报任安书》

【注解】

（1）拘：囚禁。

（2）厄：遭受厄运。

（3）放逐：被流放。

（4）厥：通"却"。

（5）膑脚：古代削去髌骨的酷刑。

（6）膑：通"髌"。

（7）迁：贬谪。

【翻译】

周代的开国君主文王在商纣王朝时为西伯侯，曾被纣王囚禁于狱中，文王利用这段时间研究八卦，演化六十四卦，写出了《周易》。孔子字仲尼，他周游列国，却无人理解他的主张，在外穷困潦倒，无立足之地，于是回到鲁国，撰写鲁国史《春秋》。楚大夫屈原向楚怀王进谏，怀王不纳忠言，反而将他革职流放，屈原悲愤满怀，在流放途中写出了《离骚》。鲁国史官左丘明双目失明，却以惊人的毅力编写成史书《国语》。孙膑在仕魏时不幸遭到陷害，受了剜去膝盖骨的"膑刑"，发愤写出兵书《孙膑兵法》。相传秦王政之父的秦国丞相吕不韦，在秦王政上台后，被免职，并迁徙到蜀都。吕不韦与他的门客作有《吕氏春秋》，其中有"八览"，故又称《吕览》。韩非子在秦国遭到陷害下狱，写下了《韩非子》。《说难》《孤愤》是其中的两篇。

【链接】

《报任安书》

《报任安书》是司马迁写给其友人任安的一封回信。在文中，司马迁以极其激愤的心情，讲述了自己的不幸遭遇，抒发了内心的无限痛苦，大胆揭露了汉武帝的喜怒无常、刚愎自用，提出人固有一死，或重于泰山、或轻于鸿毛的比较进步的生死观，并表现出他为实现可贵的理想而甘受凌辱、坚韧不屈的自强精神。

千淘万漉虽辛苦，吹尽狂沙始到金。

——（唐）刘禹锡《浪淘沙九首》之八

【注解】

（1）淘、漉：过滤。

【翻译】

淘金要千遍万遍地过滤，虽然辛苦，但只有淘尽了泥沙，才会露出闪亮的黄金。

【链接】

刘禹锡

刘禹锡（772—842 年），字梦得，世称"刘宾客"，晚年自号庐山人，洛阳（今河南洛阳）人。唐朝中期诗人、文学家、哲学家、政治家，有"诗豪"之称。

刘禹锡的诗现存八百余首，词作存四十余首，具有民歌特色。他在洛阳时，与白居易共创"忆江南"词牌。早年刘禹锡与柳宗元齐名，世称"刘柳"，晚年与白居易唱和，世称"刘白"。有《刘梦得文集》（又称《刘中山集》）传世。

刘禹锡的咏史诗最为人称道。这些诗以简洁的文字、精选的意象，表现他阅尽沧桑变化之后的沉思，其中蕴涵了很深的感慨，最著名的有《西塞山怀古》《乌衣巷》《石头城》《蜀先主庙》等。

刘禹锡的《陋室铭》流传甚广，出自《全唐文》卷608，是刘禹锡被贬谪之时所作。"铭"是古代刻在器物上用来警诫自己或者称述功德的文字。本文表达了刘禹锡不与世俗同流合污，洁身自好、不慕名利的生活态度，也表现出刘禹锡高洁傲岸的节操，流露出安贫乐道的隐逸情趣。

业精于勤荒于嬉，行成于思毁于随。

——（唐）韩愈《进学解》

【注解】

（1）业：学业。

（2）精：精进。

（3）荒：荒废。

（4）嬉：嬉戏。

（5）行：行事。

（6）思：深思熟虑。

（7）随：因循苟且。

【翻译】

学业的精进在于勤奋刻苦，学业的荒废在于嬉戏游乐；为人行事的成功在于深思熟虑，而败毁在于因循苟且。

【链接】

韩 愈

韩愈（768—824年），字退之，出生于河南河阳（今河南孟州市），祖籍郡望昌黎郡（今河北省昌黎县），自称昌黎韩愈，世称韩昌黎；晚年任吏部侍郎，又称韩吏部。卒谥文，世称韩文公。唐代文学家，为"唐宋八大家"之首，与柳宗元同是当时古文运动的倡导者。著作有《昌黎先生集》。

韩愈长于诗文，力斥当时的骈文，提倡古文，与柳宗元并称"韩柳"。其文章以排斥佛老、阐明儒家之道为宗旨，长于议论，《师说》《送董邵南序》《原性》《原道》《谏迎佛骨表》《进学解》《送穷文》等广为流传。其诗有论者以为可以列李白、杜甫之后，居全唐第三。韩诗以文为诗，以论为诗，求新求奇，有气势，对纠正当时的诗风起到了一定作用，对宋诗产生了较大影响，代表作有《南山诗》《调张籍》《听颖师弹琴》《左迁至蓝关示侄孙湘》《早春呈水部张十八员外》《春雪》《晚春》等。

少不勤苦，老必艰辛；少能服劳，老必安逸。

—— （宋）林逋《省心录》

【注解】

（1）少：年轻时。

（2）服劳：做事勤劳。

【翻译】

年轻的时候不勤劳刻苦，年老之后日子一定很难过；年轻的时候能够吃苦耐劳，年老之后日子一定过得心安、闲适。

【链接】

林 逋

林逋（967—1028年），字君复，后人称为和靖先生，钱塘人（今浙江杭州）。北宋诗人。

林逋出生于儒学世家，恬淡好古，早年曾游历于江淮等地，隐居于西湖孤山，终身不仕，未娶妻，唯喜植梅养鹤，自谓"以梅为妻，以鹤为子"，人称"梅妻鹤子"。林逋性孤高自好，喜恬淡，不趋名利，自谓："然吾志之所适，非室家也，非功名富贵也，只觉青山绿水与我情相宜。"

林逋善为诗，其词澄浃峭特，多奇句。其诗大都反映隐居生活，描写梅花尤其入神，苏轼高度赞扬林逋之诗、书及人品。林逋今存词三首，诗三百余首。后人辑有《林和靖先生诗集》四卷，其中《将归四明夜话别任君》《送丁秀才归四明》等为思乡之作。

成人不自在，自在不成人。

——（宋）罗大经《鹤林玉露·朱文公帖》

【注解】

（1）成：成就。

（2）自在：放任自己。

【翻译】人要有所成就，就不能放任自己；放任自己，就不会有成就。

【链接】

罗大经

罗大经（1196—1242年），字景纶，号儒林，又号鹤林，南宋庐陵（今江西吉安）人。罗大经早年入太学，嘉定十五年乡试中举，理宗宝庆二年中进士。仕岭南容州（今广西容县）法曹，淳祐十一年任抚州（今江西抚州市）军事推官。一年左右在抚州被弹劾罢官，从此绝意仕途，闭门专事著作。著《鹤林玉露》一书，分甲、乙、丙三编，共18卷。

不是一番寒彻骨，争得梅花扑鼻香。

——（元）高明《琵琶记·旌表》

【翻译】

不经历一番透骨的寒冷，怎么会有梅花扑鼻的香味呢？

【链接】

《琵琶记》

《琵琶记》是元朝末年高明所作的一部著名南戏，改编自民间南戏《赵贞女》。故事讲述了一位书生蔡伯喈在与赵五娘婚后想过幸福生活，其父蔡公不从。伯喈被逼赶考状元后又被要求与丞相女儿结婚，虽不允，但牛丞相不从而依之。当官后家里遇到饥荒，其父母双亡，他并不知晓。他想念父母，欲辞官回家，朝廷却不允。赵五娘一路行乞进京寻夫，最后终于找到，并团圆收场。

《琵琶记》代表了南戏最高的艺术成就，被推为"南戏之祖"，标志着南戏从民间俚俗艺术形式发展为全面成熟阶段，是南戏发展史的里程碑。它也是具有世界影响的古典戏曲之一，19世纪先后有英、法、德、拉丁文译本出版，20世纪30年代进入百老汇演出。

从来好事天生俭，自古瓜儿苦后甜。

——（元）白朴《喜春来·题情》

【注解】

（1）俭：少。

【翻译】

从来都是天降好事的时候很少，自古以来瓜儿总是先苦后甜。

【链接】

白 朴

白朴（1226—约1306年），字太素，号兰谷，原名恒，字仁甫，祖籍隩州（今山西河曲），后迁居真定（今河北正定）。元代杂剧作家，与关汉卿、王实甫（另一说为郑光祖）、马致远等人并称元曲四大家。

　　白朴的词流传至今有一百余首，以咏物与应酬为主。杂剧有《绝缨会》《赶江江》《东墙记》《梁山伯》《梧桐雨》《幸月宫》《崔护谒浆》《钱塘梦》《高祖归庄》《凤皇船》《赚兰亭》《银筝怨》《斩白蛇》《墙头马上》《流红叶》《箭射双雕》等16种。散曲有《天籁集摭遗》1卷，收其小令37首，套曲4套。

正 己

其所善者，吾则行之；其所恶者，吾则改之。

—— （先秦）左丘明《左传·襄公三十一年》

【注解】

（1）善：称道，赞许。

（2）恶：憎恶。

【翻译】

大家所称道的，我就去做；大家所讨厌的，我就改正。

【链接】

《左传》

《左传》原名为《左氏春秋》，汉代改称《春秋左氏传》，简称《左传》。相传是春秋末年左丘明为解释孔子的《春秋》而作。《左传》实质上是一部独立撰写的史书。它起自鲁隐公元年，迄于鲁悼公十四年，以《春秋》为本，通过记述春秋时期的具体史实来说明《春秋》的纲目，是儒家重要经典之一，是我国第一部叙事完整的编年体历史著作，为"十三经"之一。它与《春秋公羊传》《春秋谷梁传》合称"春秋三传"。

过而能改，民之上也。

—— （先秦）《国语·鲁语》

【翻译】

有错误能够改正，这是百姓中优秀的人。

【链接】

《国语》

《国语》是中国最早的一部国别史著作，记录了周朝王室和鲁国、齐国、晋国、郑国、楚国、吴国、越国等诸侯国的历史，上起周穆王西征犬戎，下至智伯被灭。具体内容涉及春秋时期的经济、财政、军事、兵法、外交、教育、法律、婚姻等，对研究先秦时期的历史非常重要。《国语》在内容上有很强的伦理倾向，弘扬德的精神，尊崇礼的规范，认为礼是治国之本，而且非常突出忠君思想。

改过不吝。

—— （先秦）《尚书·仲虺之诰》

【注解】

（1）吝：吝惜。

【翻译】

改正错误，态度要坚决，不能犹豫。

【链接】

《尚书》

《尚书》又称《书》《书经》，是一部多体裁文献汇编，是中国现存最早的史书，分为《虞书》《夏书》《商书》《周书》。

《尚书》在战国时期总称《书》，汉代改称《尚书》，即"上古之书"，意为"公之于众的（古代）皇室文献"。因为是儒家五经之一，又称《书经》。

《尚书》在作为历史典籍的同时，向来被文学史家称为中国最早的散文总集，是和《诗经》并列的一个文体类别。但用今天的标准来看，绝大部分应属于当时官府处理国家大事的公务文书，准确地讲，它应是一部体例比较完备的公文总集。

"尚书"释义

"尚书"一词的原意是指中国上古皇家档案文件的汇编。"尚"意为"把卷着的、包着的、摞着的东西摊开、展平"；"书"即文字、文字记录、文档；"尚书"即"解密的王家文档""向社会公开的皇室卷宗"。

人必其自爱也，然后人爱诸；人必其自敬也，然后人敬诸。

—— （汉）扬雄《法言·君子》

【注解】

（1）必：一定。

（2）诸：犹“之”，他。

【翻译】

人一定要自爱，而后才能被他人所爱；人一定要自尊，而后才能被他人尊敬。这句话强调了人要自尊自爱。自尊自爱，就是在品格、行为上严格要求自己，这样才能得到别人的尊敬。

【链接】

扬　雄

扬雄（前53—18年），一作杨雄，字子云，西汉哲学家、文学家、语言学家，蜀郡成都（今四川成都郫都区）人。

因为扬雄口吃，不愿与人交谈，所以专心于思考。早年倾慕司马相如，模仿司马相如的《子虚赋》《上林赋》等。常作辞赋，名声远播，如《蜀都赋》，此赋开启了京都一派题材，班固的《两都赋》、张衡的《二京赋》、左思的《三都赋》皆受其影响。扬雄后来认为辞赋为

"雕虫篆刻""壮夫不为"，转而研究哲学。仿《论语》作《法言》，仿《易经》作《太玄》，提出以"玄"作为宇宙万物根源之学说。有人笑他，于是他写了一篇《解嘲》。为了宽慰自己，又写了一篇《逐贫赋》。

闻人有善，若己有之。

——（唐）吴兢《贞观政要·任贤》

【注解】

（1）闻：知道。

【翻译】

知道别人有优点、长处，就从中仿效，好像自己具有的优点、长处一样。

【链接】

吴　兢

吴兢（670—749年），汴州浚仪（今河南开封）人。武周时入史馆修国史，迁右拾遗内供奉。唐中宗时，改右补阙，迁起居郎、水部郎中。唐玄宗时，为谏议大夫、修文馆学士卫尉少卿，兼修国史，也曾任台、洪、饶、蕲等州刺史，加银青光禄大夫，迁相州，封长垣县子，后改邺郡太守，回京又任恒王傅。吴兢著有《唐书备阙记》10卷、《唐中宗实录》20卷、《唐睿宗实录》5卷、《开元升平源记》1卷、《大唐十四家贵族谱》1卷、《古乐府》10卷、《乐府古题要解》2卷等。另著有《贞观政要》10卷。

从善则有誉，改过则无咎。

—— （唐）吴兢《贞观政要·教戒太子诸王》

【注解】

（1）从：学习。

（2）咎：灾祸。

【翻译】

学习好人做善事就有好的声誉，改正错误就不会有灾祸。

【链接】

《贞观政要》

《贞观政要》是一部政论性的史书。本书以记言为主，所记基本上是贞观年间唐太宗李世民与臣下魏徵、王珪、房玄龄、杜如晦等人关于施政问题的对话以及一些大臣的谏议和劝谏奏疏。此外，也记载了一些政治、经济上的重大措施。《贞观政要》从总结唐太宗治国施政经验、告诫当今皇上的意图出发，将君臣问答、奏书、方略等材料，按照为君之道、任贤纳谏、君臣鉴戒、教诫太子、道德伦理、正身修德、崇尚儒术、固本宽刑、征伐安边、善始慎终等一系列专题内容归类排列。这部著作既有史实，又有很强的政论色彩；既是唐太宗贞观之治的历史记录，又蕴涵着丰富的治国安民的政治观点和成功的施政经验。

《贞观政要》共10卷,分为40篇,每篇的篇名反映该篇的基本内容,内容相近的若干篇合为一卷,每卷大体反映一类问题。由于此书是分门别类编排,非常便于查阅和应用。

改过必生智慧,护短心内非贤。

—— (唐)慧能《坛经·决疑品》

【翻译】

改正错误使人聪明,袒护自己短处的人就不是真正的贤哲。

【链接】

慧 能

惠能(638—713年),俗姓卢氏,唐代岭南新州(今广东新兴县)人。佛教禅宗祖师。得黄梅五祖弘忍传授衣钵,继承东山法门,为禅宗第六祖,世称禅宗六祖。唐中宗追谥大鉴禅师。惠能是中国历史上有重大影响的佛教高僧之一,著有《坛经》。

以智文其过，此君子之贼也。

——（宋）欧阳修《与高司谏书》

【注解】

（1）智：乖巧。

（2）文：掩饰。

（3）贼：败类，丑类。

【翻译】

用乖巧之术掩饰自己的错误，这是君子中的丑类。

【链接】

欧阳修

欧阳修（1007—1073 年），字永叔，自号醉翁，自称"庐陵人"，晚年号六一居士，谥号文忠，世称"欧阳文忠公"，吉州永丰（今江西永丰）人。北宋政治家、文学家、史学家和诗人，"唐宋八大家"之一。

欧阳修是北宋诗文革新运动的领导者，喜奖掖后进，苏轼兄弟及曾巩、王安石皆出其门下。其诗、词、散文均为一时之冠，代表作有散文《朋党论》《五代史伶官传序》《醉翁亭记》《秋声赋》《祭石曼卿文》《卖油翁》，词《采桑子·群芳过后西湖好》《诉衷情·清晨帘幕卷秋霜》《踏莎行·候馆残梅》《生查子·去年元夜时》《朝中措·平山栏槛倚晴空》《蝶恋花·庭院深深深几许》，诗

《戏答元珍》和《画眉鸟》。有《欧阳文忠公文集》传世。

过而能改，今犹未晚。

——（宋）司马光《资治通鉴·晋纪》

【注解】

（1）过：犯错。

（2）犹：还。

【翻译】

有错误能改正，现在还未晚。

【链接】

司马光

司马光（1019—1086年），初字公实，更字君实，号迂夫，晚号迂叟。出生于河南省光山县，原籍陕州夏县（今属山西夏县）涑水乡人，世称涑水先生。司马光是北宋政治家、文学家、史学家，历仕仁宗、英宗、神宗、哲宗四朝，卒赠太师、温国公，谥文正。司马光为人温良谦恭、刚正不阿，其人格堪称儒学教化下的典范，历来受人景仰。

小过皆含容不言，日积月累，以至祸败。

—— （宋）司马光《资治通鉴·唐纪》

【注解】

（1）含容不言：含着笑容不说话。

（2）败：身败名裂。

【翻译】

对于小的过失都纵容不管，时间久了，终究会招致大祸而身败名裂。

【链接】

《资治通鉴》

司马光主持编纂了中国历史上第一部编年体通史《资治通鉴》。《资治通鉴》是我国最大的一部编年史，全书共294卷，通贯古今，上起战国初期韩、赵、魏三家分晋，下讫五代（后梁、后唐、后晋、后汉、后周）末年赵匡胤（宋太祖）灭后周以前，共1362年。作者把这1362年的史实，依时代先后，以年月为经，以史实为纬，顺序记写。对于重大历史事件的前因后果与各方面的关联都交代得清清楚楚，使读者对史实的发展能够一目了然。

闭门思过谢来客。

—— （宋）徐铉《徐公文集》卷三

【注解】

（1）思过：反省。

【翻译】

关起房门反省过失，谢绝朋友来访。

【链接】

徐 铉

徐铉（916—991年），字鼎臣，广陵（今江苏扬州）人。五代、宋初文学家、书法家。

徐铉历官五代吴校书郎、南唐知制诰、翰林学士、吏部尚书，后随李煜归宋，官至散骑常侍，世称徐骑省。淳化初因事贬静难军行军司马。曾受诏与句中正等校定《说文解字》。徐铉的文章承晚唐骈俪之风，而体格孤秀。他为李煜所作墓志铭，立言得体，《宋文鉴》曾录此铭。著有《骑省集》（即《徐公文集》）30卷，前20卷是在南唐做官时写的，后10卷为入宋后所作。

闻过则喜，知过不讳，改过不惮。

——（宋）陆九渊《与傅全美书》

【注解】

（1）过：过失，过错。

（2）喜：高兴。

（2）讳：忌讳。

（4）惮：怕。

【翻译】

听闻别人指出自己的过错就感到高兴，知道自己的过错不加隐瞒，改正自新。

【链接】

陆九渊

陆九渊（1139—1193 年），字子静，抚州金溪（今江西省金溪县）人。因讲学于象山书院（位于江西省贵溪市），世称"象山先生"，学术界常称其为"陆象山"。南宋哲学家，陆王心学的代表人物。

陆九渊的思想接近程颢，偏重心性的修养，他认为朱熹的"格物致知"方法过于"支离破碎"。陆九渊是"心学"的创始人，他主张"吾心即是宇宙""明心见性""心即是理"，重视持敬的内省工夫，也就是所谓的"尊德性"。朱熹言"理"，侧重于探讨宇宙自然的"所以然"，陆九渊言"理"，则更偏重人生伦理。明代王阳明赞赏陆九渊的学说，使得陆九渊的"心学"得以发扬，因此学界称之为"陆王"学派，实际上王阳明是心学的集大成者。陆九渊一生不注重著书立说，其语录和少量诗文由其子陆持之于开禧元年汇编成《象山先生集》，共计36卷，并由其学生于嘉定五年刊行。1980年1月中华书局整理为《陆九渊集》出版发行。

见人之过，得己之过；闻人之过，得己之过。

——（宋）杨万里《庸言》

【翻译】

看到人家的错误缺点，感到是自己的错误缺点一样；听到人家的错误缺点，感到是自己的错误缺点一样。

【链接】

杨万里

杨万里（1127—1206年），字廷秀，号诚斋，江西吉州人（今江西省吉水县黄桥镇湴塘村）。南宋大诗人。

杨万里是绍兴二十四年进士。历任国子博士、太常博士、太常丞兼吏部右侍郎、广东常平茶盐公事、广东提点刑狱、吏部员外郎等。杨万里一生力主抗战，反对屈膝投降，他在给皇帝的许多"书""策""札子"中都一再痛陈国家弊病，力诋投降之误，爱国之情，溢于言表。

杨万里为官清正廉洁，尽力不扰百姓，当时的诗人徐玑称赞他"清得门如水，贫惟带有金"。

在中国文学史上，杨万里与陆游、范成大、尤袤并称"南宋四家""中兴四大诗人"。杨万曾作诗两万多首，今存诗作四千二百余首，不少是抒发爱国情思之作。他的《初入淮河四绝句》《舟过扬子桥远望》《过扬子江》《雨作抵暮复晴》等诗，抚今追昔，即景抒怀，思想性和艺术性都相当高。

杨万里也写过一些反映劳动人民生活的诗，如《竹枝歌》七首，写纤夫雨夜行船，《圩丁词十解》写筑堤圩丁，《悯农》《农家叹》《秋雨叹》《悯旱》《过白沙竹技歌》等写农民生活的艰难和疾苦，《歌四时词》《播秧歌》等写农民的艰辛和欢乐，《望雨》《至后入城道中杂兴》等写农民对风调雨顺、安居乐业的喜悦和盼望。

有过则当速改，不可畏难而苟安也。

——（宋）朱熹《四书集注·论语集注》

【注解】

（1）苟安：只顾眼前安逸。

【翻译】

有过错应当迅速改正，不要害怕困难而只顾眼前的安逸。

【链接】

朱　熹

朱熹（1130—1200年），字元晦，一字仲晦，号晦庵，晚称晦翁，又称紫阳先生、考亭先生、沧州病叟、云谷老人，谥文，又称朱文公。南宋江南东路徽州府婺源县（今江西省婺源）人。朱熹19岁进士及第，曾任荆湖南路安抚使，仕至宝文阁待制。为政期间，申饬令，惩奸吏，治绩显赫。朱熹是南宋著名的理学家、思想家、哲学家、教育家、诗人，闽学派的代表人物，世称朱子，是孔子、孟子以来最杰出的弘扬儒学的大师。

朱熹是程颢、程颐的三传弟子李侗的学生，有专家认为他确立了完整的客观唯心主义体系。

朱熹在建阳云谷结草堂名"晦庵"，在此讲学，世称"考亭学派"，亦称考亭先生。他承北宋周敦颐与二程学说，创立宋代研究哲理的学风，称为理学。其著作甚多，辑定《大学》《中庸》《论语》《孟子》为"四书"，作为教本。

见善必为，闻恶必去。

——（宋）朱熹《答林伯和》

【注解】

（1）为：做、行。

（2）去：除掉。

【翻译】

看到善事一定去做，知道恶行一定去掉。

【链接】

朱熹的学术思想

朱熹是理学的集大成者，中国封建时代儒家的主要代表人物之一。他的学术思想，在元、明、清三代，一直是封建统治阶级的官方哲学，标志着封建社会意识形态的更趋完备。元代恢复科举后，朱学被定为科场程式；在明、清两代被列为儒学正宗。在中国儒学史上，朱熹理学的作用和影响力仅次于孔子。朱熹的学术思想在世界文化史上，也有重要影响。朱学传到了朝鲜，再传入日本。

朱熹为官仅十余年，从事教学五十余年。他考场得意甚早，寿命又长，因此能一生专心儒学，致力于办书院、讲学，如其主江西南康军时，修复白鹿洞书院，且为之拟订《白鹿洞书院教条》。朱熹了解教育对思想普及的效力，故能成为程颢、程颐之后儒学的重要人物。他在经学、史学、文学乃至自然科学的训诂考证、注释整理上都有较大成就。

朱熹哲学发展了程颐等人的思想，集理学之大成，建立唯心论的唯理论体系。认为"理""气"不相离，但"理在先，气在后"，"理"是物质世界的基础和根源。

改过贵勇而防患贵怯。

——（宋）朱熹《答蔡贵通》

【注解】

（1）贵：宝贵。

（2）勇：勇敢。

（3）患：祸患。

（4）怯：战战兢兢，小心谨慎。

【翻译】

改正错误贵在勇敢，预防祸患贵在小心谨慎。

【链接】

朱熹的著作

朱熹的著作有《周易本义》《启蒙》《蓍卦考误》《诗集传》《大学中庸章句》《四书或问》《论语集注》《孟子集注》《太极图说解》《通书解》《西铭解》《楚辞集注辨正》《韩文考异》《参同契考异》《中庸辑略》《孝经刊误》《小学书》《通鉴纲目》《宋名臣言行录》《家礼》《近思录》《河南程氏遗书》《伊洛渊源录》等。此外，还有《文集》100卷，《续集》11卷，《别集》10卷，阎人辑录的《朱子语类》（《朱子语类》是他与弟子们的问答录）140卷。其易学思想主要集中在《周易本义》《易学启蒙》《朱子语类》等书中。

有过而讳言，适重其过；因言而遽改，适彰其美。

——（宋）何坦《西畴老人常言》

【注解】

（1）讳：避讳，隐瞒。

（2）适：恰好。

（3）重：加重。

（4）因言：承认错误。

（5）遽：迅速。

（6）彰：彰显。

【翻译】

有错误而隐瞒不讲，恰好加重了错误；承认错误并迅速改正，恰好彰显了这种行为的美好。

【链接】

何 坦

何坦，字少平，号西畴。江西广昌县盱江镇人。南宋名臣、学者。

何坦于淳祐十一年中进士。历靖州、江陵府教授，初任宜黄县尉，因揭露县令臧某暴敛，忤郡守被罢官。后起用，知将乐县，擢知连州，所到之处，以善治闻名。累迁宝谟阁学士、广东提刑。他精于吏治，处事严格，弹劾贪官，不徇私舞弊，以"廉平之行，为岭南首称"闻名。何坦有名言曰："交朋必择胜己者，讲贯切磋，益也。"著有《西畴常言》（又名《西畴老人常言》）1卷，收入《说郛》《百川学海》《南华要旨》等。

人有过失，己必知之；己有过失，岂不自知。

——（宋）林逋《省心录》

【翻译】

别人有过失，我一定知道；我自己有过失，难道自己不知道吗？

今人有过，不喜人规，为护疾而忌医，宁灭其身而无悟也。

——（宋）周敦颐《周子通书·过》

【注解】

（1）过：过错。

（2）规：规劝。

（3）护疾而忌医：隐瞒病情，害怕医生诊断治疗，比喻掩饰错误，害怕批评。

（4）悟：省悟。

【翻译】

当今的人有了过错，不喜欢听别人规劝，就像隐瞒病情，害怕医生诊断治疗，宁可毁灭了他的躯体也不省悟。

【链接】

周敦颐

周敦颐（1017—1073年），字茂叔，号濂溪，宋营道楼田堡（今湖南道县）人。北宋著名哲学家，理学的开山鼻祖。

在中国哲学思想史上，宋明理学占有极其重要的地位。宋明理学以孔孟之道的儒学为主干，吸收道家、佛家的思想精华，逐渐成为中国封建社会中占统治地位的哲学思想。周敦颐就是理学的创始人，他的理学思想在中国哲学史上起了承前启后的作用。清代学者黄宗羲在他的《宋儒学案》中说道："孔子而后，汉儒止有传经之学，性道微言之绝久矣。元公崛起，二程嗣之……若论阐发心性义理之精微，端数元公之破暗也。"

周敦颐继承《易传》和部分道家以及道教思想，提出一个简单而有系统的宇宙构成论，说"无极而太极"，"太极"一动一静，产生阴阳万物，"万物生而变化无穷焉，惟人也得其秀而最灵"（《太极图说》）。圣人又模仿"太极"建立"人极"，"人极"即"诚"，"诚"是"五常之木，百行之源也，是道德的最高境界"，只有通过主静、无欲，才能达到这一境界。周敦颐提出的无极、太极、阴阳、五行、动静、性命、善恶等哲学范畴，成为后世理学研究的课题。

虽然周敦颐是理学的开山鼻祖，但是其生前学术地位并不高，也很少有人知道其理学思想。当时只有南安通判程太中知晓他的理学造诣很深，于是将两个儿子程颢、程颐送到周敦颐门下，后来"二程"均成为著名理学家。

见善必行，闻过必改，可以畜德。

—— （明）钱琦《钱公良测语上·徭庚》

【注解】

（1）行：实际地做。

（2）畜德：培养、锻炼品德。

【翻译】

见到好事一定去做，听人指出过错一定改正，这样可以锻炼自己的品德修养。

【链接】

钱　琦

钱琦（1467—1542年），字公良，一字临江，浙江海盐人。正德三年进士。治理盱眙县时，力御流贼。后迁至临江府知府，调宰思南，告老归乡。钱琦工诗文，撰有《东畲集》十四卷，又有《钱子测语》《祷雨录》并行于世。

钱琦曾为世人留下了不少名言，诸如：

居官者，公则自廉。

见辱于市人，越夕而忘；见羞于君子，累世而泯。

治人者必先自治，责人者必先自责，成人者必先自成。

开国起家，莫不由于祖父之勤俭；败国之家，莫不由于子孙之奢惰。

独有书可医胸中俗气。

大怒不怒，大喜不喜，重在养心。

小利不争，小忿不发；慰言温亲，可以和众。

处贵而骄，败之端也；处富而奢，衰之始也。

不好名者，斯不好利；好名者，好利之尤者也！

人心能列，虽万变纷纭，亦澄然无事；不静，则燕居闲暇，亦冲然靡宁。

人不爱我，非特人之不仁，己之不仁可知矣；人不信我，非特人之不信，己之不信可知矣。

——（明）王艮《勉仁书壁示诸生》

【注解】

（1）非特：非但。

【翻译】

别人不喜爱我，非但别人不够仁爱，我的不仁爱也可以知道了；别人不信我，非但别人不可信任，我的不可信任也可以知道了。

【链接】

王 艮

王艮（1483—1541年），初名银，明代思想家王守仁替他改名为艮，字汝止，号心斋。泰州安丰场（今江苏东台安丰）人，人称王泰州。起初投入王守仁门下只为求生，后经王守仁点化转而治学，并创立传承阳明心学的泰州学派。

王艮38岁时赴江西，师从江西巡抚王阳明，是王阳明的重要弟子之一。王阳明一开始觉得他个性高傲，因此把他的名字改成带有静止意思的"艮"字。王艮经常与师争论，"时时不满师说"，坚持自己的观点，既"反复推难、曲尽端委"，又"不拘泥传注""因循师说"，于是自创"淮南格物说"。有一次坐"招摇车"（蒲轮）招摇过市，遭王阳明指责。

王阳明病逝后，王艮"迎丧桐庐，约同志经理其家""往会稽会葬"，照料其后人。后来王艮定居泰州安丰，开始自立门户，创立泰州学派，主张"百姓日用即道"。其学说的特点是简单易行，易于启发市井小民、贩夫走卒，极具平民色彩，故流传甚远。他的流派属于前资本主义时代反映城市平民、农民大众思想情感的儒学流派，故称"平民儒学"，充满对传统儒教的叛逆精神。王艮在讲学时别出心裁，按《礼经》制着深衣、戴五常冠，"行则规园方矩，坐则焚香默识"。他一生布衣，拒绝入仕。

乐道人善，愿闻己过。

——（明）顾宪成题丽泽堂楹联

【注解】

（1）道：称道。

（2）善：优点。

【翻译】

乐意称道别人的优点，愿意听到对自己的批评。

【链接】

顾宪成

顾宪成（1550—1612年），字叔时，号泾阳，无锡泾里（今无锡锡山区张泾镇）人。明代思想家，因创办东林书院而被人尊称"东林先生"，也是东林党的创始人之一。天启初年，赠太常卿。后来东林党争爆发，被魏忠贤阉党削官。崇祯初年获得平反，赠吏部右侍郎，谥号端文。

顾宪成小时侯家境十分清贫，他的父亲顾学开了爿豆腐作坊，但因家庭人口多，常常入不敷出，要向人借贷。他家住的房子很破旧，不蔽风雨。但是，艰苦的生活环境反而激发了顾宪成奋发读书的决心与进取向上的志向。他在自己所居陋室的墙壁上题了两句话："读得孔书才是乐，纵居颜巷不为贫。"颜回是孔子的学生，家里十分贫穷，但他不以为苦，师从孔子，刻苦好学，以学为乐。顾宪成以颜回自喻，表达了自己的苦乐观和贫富观，希望做一个知识的富翁。顾宪成在读书中，非常仰慕前贤先哲的为人，一心想仿照那些德高望重的人的思想举动去行事。他自撰一副对联，即"风声、雨声、读书声，声声入耳；家事、国事、天下事，事事关心"，表达了他读书期间对社会的关注。

但改吾过，毋议非人。

—— （清）陈确《辰夏杂言·不乱说》

【注解】

（1）但：只，仅。

（2）吾：我，自己。

（3）毋：不要。

【翻译】

只注意改正自己的过错，不要去议论别人的不是。

【链接】

陈 确

陈确（1604—1677年），初名道永，字非玄，后改名确，字干初，浙江海宁人。陈确是明末大思想家刘宗周的弟子。陈确屡试不第，于是"放浪山水"。崇祯十七年受学于刘宗周。明朝灭亡后，陈确隐居著述。陈确著有《大学辨》《葬书》《女训》《蕺山先生语录》《干初道人诗集》《辰夏杂言》。

知过之谓智，改过之谓勇。

—— （清）陈确《别集·瞽言》

【注解】

（1）知：认识。

（2）谓：说。

（3）智：聪明。

【翻译】

认识错误可谓聪明，改正错误堪称勇敢。

【链接】

陈确不喜朱子理学

陈确自幼不喜朱子理学，他指出"《大学》首章，非圣经也。其传十章，非贤传也"，又抨击周敦颐以"无欲"为"圣学"之要的观点。陈确治学注重实际，强调独立思考，认为"道无尽，知亦无尽"。黄宗羲说他："学无所依傍，无所瞻顾，凡不合于心者，虽先儒已有成说，亦不肯随声附和，遂多惊世骇俗之论。"

人之过误宜恕，而在己则不可恕。

—— （明）洪应明《菜根谭》

【注解】

（1）人：别人。

（2）宜：应该。

（3）恕：宽恕。

【翻译】

别人的过错应该宽恕，而自己的过错就不可宽恕。

【链接】

洪应明

洪应明，字自诚，号还初道人，籍贯不详，生卒年不详。有《菜根谭》传世。根据他的另一部作品《仙佛奇踪》，得知他早年热衷于仕途功名，晚年归隐山林，洗心礼佛。

《菜根谭》

《菜根谭》是明代洪应明收集编著的一部论述修养、人生、处世、出世的格言式小品文集，采用语录体，融合了儒家的中庸思想、道家的无为思想和释家的出世思想。

　　书名《菜根谭》，取自宋儒汪革语："人就咬得菜根，则百事可成。"意思是说，一个人只要坚强地适应清贫的生活，不论做什么事情，都会有所成就。明朝的于孔兼在为《菜根谭》写的"题词"中，进一步阐述道："《谭》以'根谭'名，固自清苦历练中来，亦自栽培灌溉里得，其颠顿风波、备尝险阻可想矣。"又引用洪应明的话说："天劳我以形，吾逸吾心以补之；天厄我以遇，吾亨吾道以通之。"综上，可以理解为"人的才智和修养只有经过艰苦磨炼才能获得"。

　　《菜根谭》现存两种不同版本，一是清刻版，二是明刻版。明刻版来自三峰主人于孔兼的题词，系日本内阁文库昌平坂学问所的藏本，据说当初刊载于明代高濂编辑的《雅尚斋遵生八笺》中。书分前、后两集，前集225条，后集135条，共360条。现在一般采用清刻版，以光绪丁亥年氧扬州藏经院木刻本为主，参照佛学书局排印本。

　　《菜根谭》成书于明万历年间，距今已有近四百多年的历史。在相当长的时间里，它并未受到足够的重视，清乾隆间编纂《四库全书》，连"存目"都未收入。但是近年来，一股《菜根谭》热风行于海内外，人们将其与《孙子兵法》《三国演义》等书一起视为中国传统文化的经典之作，有学者统计，从明治四十年到大正四年的9年间，此书在日本就出版了25次之多。到了20世纪七八十年代，日本经济的高速发展，更是催生了前所未有的

《菜根谭》热。日本工商界人士普遍认为,《菜根谭》一书所阐述的思想意趣,包含了深刻的人生哲理,对企业管理、用人制度、业务营销、市场开拓及企业员工的自身修养等,皆能起到警策的作用。

这股热潮随之反诸中国,也引起了中国各界人士的广泛重视。从20世纪90年代至今,国内出版了多少种《菜根谭》已难以统计。借《菜根谭》之名新编新撰的《佛家菜根谭》《道家菜根谭》《儒家菜根谭》等层出不穷。

反已者,触事皆成药石。尤人者,动念即是戈矛。

——(明)洪应明《菜根谭》

【注解】

(1)反已:反过来检查自己。

(2)药石:指治病的药物。

(3)尤人:责怪别人。

(4)动念:产生某种思想。

(5)戈矛:兵器的总称,引申为战争。

【翻译】

责己是解决矛盾的良药,责人是矛盾激化的导火线。

【链接】

《菜根谭》修身名言选粹

（1）欲做精金美玉的人品，定从烈火中煅来；思立掀天揭地的事功，须向薄冰上履过。

（2）一念错，便觉百行皆非，防之当如渡海浮囊，勿容一针之罅漏；万善全，始得一生无愧。

（3）忙处事为，常向闲中先检点，过举自稀。动时念想，预从静里密操持，非心自息。

（4）能轻富贵，不能轻一轻富贵之心；能重名义，又复重一重名义之念。是事境之尘氛未扫，而心境之芥蒂未忘。此处拔除不净，恐石去而草复生矣。

（5）纷扰固溺志之场，而枯寂亦槁心之地。故学者当栖心元默，以宁吾真体。亦当适志怡愉，以养吾圆机。

（6）昨日之非不可留，留之则根烬复萌，而尘情终累乎理趣；今日之是不可执，执之则渣滓未化，而理趣反转为欲根。

（7）无事便思有闲杂念想否。有事便思有粗浮意气否。得意便思有骄矜辞色否。失意便思有怨望情怀否。时时检点，到得从多入少、从有入无处，才是学问的真消息。

（8）士人有百折不回之真心，才有万变不穷之妙用。

（9）立业建功，事事要从实地着脚，若少慕声闻，便成伪果；讲道修德，念念要从虚处立基，若稍计功效，便落尘情。

（10）身不宜忙，而忙于闲暇之时，亦可傲惕惰气；心不可放，而放于收摄之后，亦可鼓畅天机。

（11）钟鼓体虚，为声闻而招击撞；麋鹿性逸，因豢养而受羁縻。可见名为招祸之本，欲乃散志之媒。学者不可不力为扫除也。

（12）一念常惺，才避去神弓鬼矢；纤尘不染，方解开地网天罗。

（13）拨开世上尘氛，胸中自无火炎冰竞；消却心中鄙吝，眼前时有月到风来。

（14）躯壳的我要看得破，则万有皆空而其心常虚，虚则义理来居；性命的我要认得真，则万理皆备而其心常实，实则物欲不入。

（15）面上扫开十层甲，眉目才无可憎；胸中涤去数斗尘，语言方觉有味。

（16）完得心上之本来，方可言了心；尽得世间之常道，才堪论出世。

（17）以积货财之心积学问，以求功名之念求道德，以爱妻子之心爱父母，以保爵位之策保国家，出此入彼，念虑只差毫末，而超凡入圣，人品且判星渊矣。人胡猛然转念哉！

（18）立百福之基，只在一念慈祥；开万善之门，无如寸心把损。

（19）容得性情上偏私，便是一大学问；消得家庭内嫌雪，才为火内栽莲。

短不可护，护短终短；长不可矜，矜则不长。

——（明）聂大年《座右铭》

【注解】

（1）护：袒护。

（2）矜：自夸。

【翻译】

护短短仍短，夸长长不长。

【链接】

聂大年

聂大年（1402—1455 年），明代官员、文学家。字寿卿，号东轩，江西临川人。正统间，官仁和县教谕。景泰初，征入翰林。博通经史，工古文，善诗词，尤精书画。聂大年以填词著称，被近人称为"明中叶制曲大家"。但其多数词作内容偏枯，风格绮靡，境界狭小，实际成就并不显著。聂大年是当时书画名家，作品颇具特色。

惑者知反，迷道不远。

——（明）杨慎《古今谚》

【注解】

（1）反：通"返"，回，还。

【翻译】

迷途知返，在邪路上没走远。

【链接】

杨　慎

杨慎（1488—1559年），字用修，号升庵，别号博南山人、博南戍史，谥文宪，四川新都（今成都市新都区）人，祖籍江西庐陵。明朝官员，著名学者，与解缙、徐渭合称"明朝三才子"。

杨慎自幼聪颖，11岁即能作诗。12岁写成《古战场文》《过秦论》，众人皆惊。进京后，写《黄叶诗》，为李东阳所赞赏，让他在自己门下学习。明武宗正德六年中式辛未科殿试一甲第一名（状元），赐进士及第，授翰林院修撰，参与修撰《武宗实录》，得到总裁蒋冕、费宏赞赏。正德十二年，明武宗微行出居庸关，杨慎上疏抗谏，被迫称病还乡。

杨慎投荒多暇，书无所不览，"奋志诵读，不出户外。"《明史》称其："明世记诵之博,著作之富,推慎为第一。诗文外,杂着至一百余种,并行于世。"杨慎的主要著作有《滇程记》《丹铅总录》《古音猎要》《全蜀艺文志》《春秋地名考》等。

杨慎还善弹琵琶,最具盛名的长篇弹唱叙史之作为《二十一史弹词》,其中第三段"说秦汉开场词"的《临江仙》乃千古绝唱:

"滚滚长江东逝水,浪花淘尽英雄。是非成败转头空。青山依旧在,几度夕阳红。白发渔樵江渚上,惯看秋月春风。一壶浊酒喜相逢。古今多少事,都付笑谈中。"

不贵于无过,而贵于能改过。

——(明)王守仁《教条示龙场诸生》

【翻译】

没犯错误并不可贵,最可贵的是改正错误。

一念之非即遏之,一动之妄即改之。

——(明)薛瑄《薛子论道》上篇

【注解】

(1)遏:遏止。

【翻译】

一闪而过的错误念头立即抑止，一有悖于事理的行为立即改掉。

迁善当如风之速，改过当如雷之决。

——（明）王廷相《慎言·小宗》

【注解】

（1）迁善：朝好的方向努力。

（2）如风之速：像风一样快。

（3）改过：改正错误

（4）如雷之决：像雷一样令人震撼，形容决断，雷厉风行。

【翻译】

向好的方向努力应该像风一样快，改正错误应该雷厉风行。

改过贵勇，既知有故，便当斩钢截铁，翻然改图。

——（清）申涵光《荆园小语》

【注解】

（1）故：指毛病。

（2）翻然改图：迅速转变，另做打算。翻，通"幡"，回飞的样子，形容转变极快。图，打算。

【翻译】

改正错误贵在勇敢，既然知道有毛病，就要态度坚决，迅速转变，另做打算。

知而不改，谓之自欺。

——（清）陈确《坐箴》

【翻译】

知道错误而不改正，可说是自己欺骗自己。

惜 时

盛年不重来，一日难再晨；及时当勉励，岁月不待人。

——（晋）陶渊明《杂诗十二首》之一

【翻译】

人的壮年一去不再来，一天不会有两个早晨；应当及时努力，因为光阴是不会等待人的。

【链接】

陶渊明

陶渊明（约365—427年），字元亮，号五柳先生，世称靖节先生，入刘宋后改名潜，东晋浔阳柴桑（今江西省九江市）人。东晋末期、南朝宋初期诗人、辞赋家、散文家。

陶渊明曾做过几年小官，后辞官回家，从此隐居，田园生活是陶渊明诗的主要题材，其代表作有《饮酒》《归园田居》《桃花源记》《五柳先生传》《归去来兮辞》《桃花源诗》等。陶渊明是两汉、魏晋南北朝800年以来最杰出的诗人，也是杰出的辞赋家与散文家。陶诗今存125首，计四言诗9首，五言诗116首。陶文今存12篇，计有辞赋3篇、韵文5篇、散文4篇。

陶渊明被称为"隐逸诗人之宗"。其隐逸文化总的风格有三：一是柔，二是淡，三是远。他的创作开创了田园诗的体系，使中国古典诗歌达到了一个新的境界。从古至今，有很多人喜欢陶渊明固守寒庐、寄意田园、超凡脱俗的人生哲学以及他淡薄邈远、恬静自然、无与伦比的艺术风格。

少年辛苦终身事，莫向光阴惰寸功。

—— （唐）杜荀鹤《题弟侄书堂》

【翻译】

年轻的时候辛苦些是应该的，因为这关系到自己一辈子的前途，切莫偷懒，虚度光阴。

【链接】

杜荀鹤

杜荀鹤（846—904年），字彦之，号九华山人，唐朝著名诗人杜牧之子，排行第十五，故称"杜十五"。池州石埭（今石台县贡溪乡杜村）人。晚唐著名诗人。

杜荀鹤曾数次上长安应考，到46岁时才中进士。杜荀鹤仕途坎坷，终未酬志，而在诗坛却享有盛名，自成一家，擅长宫词。因长期置身于九华山，吟咏九华山面貌的诗篇甚多，具有鲜明的时代色彩。客居他乡写的《秋日怀九华旧居》流露出弃官归隐九华的心情和身在异地恋乡之苦。在《自江西归九华有感》《题所居村舍》和《山中寡妇》等诗篇中揭露了社会政治的昏暗，酷吏残忍、军阀混战，民不聊生，反映了人民的疾苦与呼声，是当时社会生活的真实写照。

杜荀鹤提倡诗歌要继承风雅传统，反对浮华，其诗作平易自然，朴实质明畅，清新秀逸。著有《唐风集》（10卷），其中3卷收录于《全唐诗》。

青春须早为，岂能长少年？

——（唐）孟郊《劝学》

【翻译】

青春年少的时候应当及早努力，人怎么能永远年轻？

一寸光阴一寸金。

——（唐）王贞白《白鹿洞》诗之一

片刻的时间就像寸长的金子一样宝贵。

【链接】

王贞白

王贞白（875—？），字有道，号灵溪，信州永丰镇

（今属江西）人。唐代诗人。他自编《灵溪集》七卷，已佚，《全唐诗》存诗一卷，《全唐诗补编》存诗12首。

以金子喻光阴

以金子来比喻光阴，在我国由来已久。晋葛洪《抱朴子·助学》云："不饱食以终日，不弃功于寸阴。"晋陶潜也有"古人惜寸阴，念此使人惧"之句。南朝刘义庆《世说新语·政事》也说："大禹圣人，犹惜寸阴；至于凡俗，当惜分阴。"这里所说的寸阴、分阴，指的是时间的短暂和飞逝。唐孟简《惜分阴》诗："三冬劳聚学，驷景重兼金。"这是目前所见最早以金子来比喻时间宝贵的诗句。在《辞海》《中国成语大词典》等多部辞书中把"一寸光阴一寸金"一句最早出处说成是元代同恕的《送陈嘉会》诗："尽欢菽水晨昏事，一寸光阴一寸金。"这并不准确。早在唐代晚期，王贞白读书于白鹿洞时，就写出了"一寸光阴一寸金"这一警句，全诗如下：

读书不觉已春深，一寸光阴一寸金。

不是道人来引笑，周情孔思正追寻。

少年易学老难成，一寸光阴不可轻。

—— （宋）朱熹《偶成》

【翻译】

年轻时开始学习效果最好，年老以后再学就难以取得成效了，所以应当趁年轻好好学习，一分一秒也不能虚度。

劝君莫惜金缕衣，劝君惜取少年时。

—— （唐）无名氏《金缕衣》

【翻译】

我劝你不要贪爱用金线织就的衣服，而劝你珍惜青春年少的好时光。

有志诚可嘉，及时宜自强。

—— （宋）欧阳修《送惠勤归余杭》

【翻译】

胸有斗志，这诚然值得赞扬，但还应该抓紧时间，发愤图强。

少壮不努力，老大徒伤悲。

——（宋）郭茂倩《乐府诗集·相和歌辞·长歌行》

【翻译】

年轻力壮的时候不发愤努力，等年老了就会后悔莫及，悲伤叹息也没有用了。

【链接】

《乐府诗集》

《乐府诗集》是继《诗经·风》之后，一部总括我国古代乐府歌词的著名诗歌总集，由宋代郭茂倩所编，是现存收集乐府歌词最完备的一部。它搜集广泛，各类有总序，每曲有题解。

《乐府诗集》现存100卷，分郊庙歌词、燕射歌词、鼓吹曲词、横吹曲词、相和歌词、清商曲词、舞曲歌词、琴典歌词、杂曲歌词、近代曲词、杂歌谣词、新乐府词12个门类。其中又分若干小类，如《横吹曲辞》又分汉横吹曲、梁鼓角横吹曲等类；相和歌词又分为相和六引、相和曲、吟叹曲、平调曲、清调曲、瑟调曲、楚调曲和大曲等类；清商曲词中又分为吴声歌与西曲歌等类。

《乐府诗集》辑录宋代之前音乐文学作品五千余首，诗学价值甚高。尤为可贵的是，近代曲辞四卷收录了隋唐时期新兴的燕乐曲辞，为考察词体的起源提供了重要的参照。

乐 府

乐府本是掌管音乐的机关名称，最早设立于汉武帝时，南北朝也有乐府机关。其具体任务是制作乐谱、收集歌词和训练音乐人才。歌词的来源有两个：一部分是文人专门作的；一部分是从民间收集的。后来，人们将乐府机关采集的诗篇称为乐府，或称乐府诗、乐府歌词，于是乐府便由官府名称变成了诗体名称。乐府双璧为《木兰诗》与《孔雀东南飞》。

光阴似箭催人老，日月如梭趱少年。

——（元）高明《琵琶记·中相教女》

【翻译】

时光就像箭一样流逝，催赶着人们衰老；太阳和月亮有如穿梭，来去不止，促推着年轻人。

花有重开日，人无再少年。

—— （元）关汉卿《窦娥冤·楔子》

【翻译】

花儿凋落之后还有重开的时候，人老了就永远不会再有青春时光了。

天地有万古，此身不再得；人生只百年，此日最易过。

—— （明）洪应明《菜根谭·概论》

【翻译】

苍天和大地万古永存，而人的躯体却不会死而复生；人生一世不过百年，而这一天天的日子却最容易虚度。

人生百年几今日？今日不为真可惜！

—— （明）文嘉《今日歌》

【翻译】

人生一世近百年，能有几个今天？今天不脚踏实地地做些事情，实在令人可惜。

明日得明日，明日何其多！日日待明日，万世成蹉跎。

——（明）文嘉《明日歌》

【翻译】

一个明天接着又是一个明天，明天是多么多啊！如果每天都等着明天，那么即使有一万个一辈子，也都可以虚度。

【链接】

文嘉的惜时"三日歌"

文嘉（1501—1583 年），字休承，号文水，长洲（今江苏省苏州市）人。明代画家，亦善诗、书，曾作"三日歌"，颇有影响。

《昨日歌》

昨日兮昨日，昨日何其好！昨日过去了，今日徒烦恼。世人但知悔昨日，不觉今日又过了。水去汩汩流，花落日日少。万事立业在今日，莫待明朝悔今朝！

《今日歌》

今日复今日，今日何其少！今日又不为，此事何时了？人生百年几今日，今日不为真可惜！若言姑待明朝至，明朝又有明朝事。为君聊赋《今日诗》，努力请从今日始！

《明日歌》

明日复明日，明日何其多！日日待明日，万事成蹉跎。世人皆被明日累，明日无穷老将至。晨昏滚滚水东流，今古悠悠日西坠。百年明日能几何？请君听我《明日歌》。

关于《明日歌》的作者，有两种版本。一为明代的文嘉，一为明末清初的钱鹤滩。据考证，钱鹤滩的《明日歌》是根据文嘉诗修改而成的。因此，这首《明日歌》的著作权应归文嘉。

莫等闲，白了少年头，空悲切。

—— （宋）岳飞《满江红·怒发冲冠》

【翻译】

不要虚度光阴，一生碌碌无为，否则等头发白了，年老之后只能徒自伤悲。

【链接】

岳 飞

岳飞（1103—1141年），字鹏举，相州汤阴（今属河南）人。抗金名将，官至枢密副使，封武昌郡开国公。以不附和议，被秦桧害死。其率领的军队被称为"岳家军"，人们流传着"撼山易，撼岳家军难"的名句，表示对"岳家军"的最高赞誉。但是，最后由于受到南宋统治者的猜忌而被监禁、杀害。宋孝宗淳熙六年追谥武穆，宋宁宗嘉定四年追封鄂王，故后人也称"岳武穆"或"岳王"，理宗时改谥忠武。有《岳武穆集》传世，《全宋词》录其3首。

《满江红·怒发冲冠》

这是一首气壮山河、传诵千古的名篇。表现了岳飞大无畏的英雄气概，洋溢着爱国主义激情。

绍兴六年，岳飞率军从襄阳出发北上，陆续收复了洛阳附近的一些州县，前锋逼北宋故都汴京，大有一举收复中原、直捣金国的老巢黄龙府（今吉林农安，金故都）之势。但此时的宋高宗一心议和，命岳飞立即班师，岳飞不得已率军回到鄂州。他痛感错失良机，收复失地、洗雪靖康之耻的志向难以实现，在百感交集中写下了这首气壮山河的《满江红》词。

生于北宋末年的岳飞，亲眼看见了山河破碎，国破家亡，他少年从军，以"精忠报国""还我山河"为己任，转站各地，艰苦斗争，为的是"收取旧山河"，这首词所抒写的就是这种英雄气概。

原文：

怒发冲冠，凭栏处，潇潇雨歇。抬望眼，仰天长啸，壮怀激烈。三十功名尘与土，八千里路云和月。莫等闲，白了少年头，空悲切！

靖康耻，犹未雪。臣子恨，何时灭？驾长车，踏破贺兰山阙！壮志饥餐胡虏肉，笑谈渴饮匈奴血。待从头，收拾旧山河，朝天阙！

翻译：

我怒发冲冠，独自登高凭栏，阵阵风雨刚刚停歇。我抬头远望天空一片高远壮阔。我禁不住仰天长啸，一片报国之心充满心怀。三十多年的功名如同尘土，八千里路经过多少风云人生。好男儿，要抓紧时间为国建功立业，不要空空将青春消磨，等年老时徒自悲切。

靖康年间的奇耻大辱，至今也不能忘却。作为国家臣子的愤恨，何时才能泯灭！我要驾上战车，踏破贺兰山。我满怀壮志，发誓喝敌人的鲜血，吃敌人的肉。待我重新收复旧日山河，再带着捷报向国家报告胜利的消息。

志士惜年，贤人惜日，圣人惜时。

—— （清）魏源《默觚·学篇三》

【翻译】

有志之人珍惜每一年的时间，贤明的人珍惜每一天的时间，圣人珍惜每一小时的时间。

爱国

捐躯赴国难，视死忽如归。

——（三国）曹植《白马篇》

【注解】

（1）捐躯：舍弃生命。

（2）赴：奔赴。

（3）忽：轻易之状。

（4）归：回家。

【翻译】

舍弃生命投入挽救国家灾难的行动中，视死如归就像回家一样。

【链接】

曹　植

曹植（192—232年），字子建，因封陈王且谥号"思"，后世文章中常称"陈思王""陈王"，沛国谯县（今安徽亳州人）。曹操第四子，嫡出的第三子，三国曹魏著名诗人，"才高八斗"（八斗之才）、"七步之才"等词的语源。

曹植的诗歌对后世有很大影响，才华也颇受后世诗人推崇。他与父亲曹操、兄长曹丕并称"三曹"，不过与其父兄不同的是曹植一生并未担任重要的军政职务。

感时思报国，拔剑起蒿莱。

——（唐）陈子昂《感遇诗三十八首》

【注解】

（1）感时：感慨时事。

（2）蒿莱：蒿是两年生草本植物，莱是一年生草本植物。蒿莱指朝野，喻指位居民间。

【翻译】

虽然位居民间，但是感慨时事，为国家忧虑，就会拔剑而起。

【链接】

陈子昂

陈子昂（661—702年），字伯玉，唐朝梓州射洪（今四川省射洪）人。唐代诗人，是唐诗革新的先驱。

陈子昂出生于富有的家庭，早年喜游猎，慷慨任侠，"年十八未知书"。后来在学校看到学子刻苦勤学，于是到金华山乡校，发愤读书。学业有成后前往长安，但得不到名家的赏识。一日遇到一个卖胡琴者，有胡琴索价百万，陈子昂买了这把胡琴，邀众人至家中赏玩，竟当众摔琴。陈对大家说他只是一介书生，不懂琴艺，但会写文章，请大家欣赏他的文章，于是名动京师。

陈子昂的代表作为《感遇诗三十八首》，旨在抨击时弊，抒写情怀，还有《登幽州台歌》等。他的诗歌创作在唐代颇有影响。他主张汉魏风骨，提倡风雅比兴，对唐诗的健康发展是有利的。其诗风高昂清峻，雄浑苍凉，语言深沉质朴。其友人卢藏用说他"横制颓波。天下翕然质文一变"。

先天下之忧而忧，后天下之乐而乐。

—— （宋）范仲淹《岳阳楼记》

【翻译】

在天下人忧愁之前就忧愁，在天下人快乐之后才快乐。

【链接】

《岳阳楼记》

《岳阳楼记》是一篇为重修岳阳楼写的记，由北宋文学家范仲淹应好友巴陵郡守滕子京之请，于北宋庆历六年九月十五日所作。其中的诗句"先天下之忧而忧，后天下之乐而乐""不以物喜，不以己悲"是较为出名和引用较多的句子。《岳阳楼记》能够成为传世名篇并非因为对岳阳楼风景的描述，而是范仲淹借《岳阳楼记》一文抒发先忧后乐、忧国忧民的情怀。

原文：

庆历四年春，滕子京谪守巴陵郡。越明年，政通人和，百废具兴。乃重修岳阳楼，增其旧制，刻唐贤今人诗赋于其上。属予作文以记之。

予观夫巴陵胜状，在洞庭一湖。衔远山，吞长江，浩浩汤汤，横无际涯；朝晖夕阴，气象万千。此则岳阳楼之大观也，前人之述备矣。然则北通巫峡，南极潇湘，迁客骚人，多会于此。览物之情，得无异乎？

若夫淫雨霏霏，连月不开，阴风怒号，浊浪排空；日星隐耀，山岳潜形；商旅不行，樯倾楫摧；薄暮冥冥，虎啸猿啼。登斯楼也，则有去国怀乡，忧谗畏讥，满目萧然，感极而悲者矣。

至若春和景明，波澜不惊，上下天光，一碧万顷；沙鸥翔集，锦鳞游泳；岸芷汀兰，郁郁青青。而或长烟一空，皓月千里，浮光跃金，静影沉璧，渔歌互答，此乐何极！登斯楼也，则有心旷神怡，宠辱偕忘，把酒临风，其喜洋洋者矣。

嗟夫！予尝求古仁人之心，或异二者之为，何哉？

不以物喜，不以己悲；居庙堂之高则忧其民；处江湖之远则忧其君。是进亦忧，退亦忧。然则何时而乐耶？其必曰"先天下之忧而忧，后天下之乐而乐"乎。噫！微斯人，吾谁与归？

时六年九月十五日。

翻译：

仁宗庆历四年春天，滕子京被降职到巴陵郡做太守。到了第二年，政事顺利，百姓和乐，各种荒废的事业都兴办起来。于是重新修建岳阳楼，扩大它原来的规模，把唐代名家和今人的诗赋刻在上面，嘱托我写一篇文章来记述这件事。我看那巴陵郡的美景，全部在洞庭湖上。洞庭湖包含着远处的山脉，吞吐着长江的流水，浩浩荡荡，宽阔无边。早晴晚阴，气象变化万千。这就是岳阳楼的雄伟景象，前人的记述已经很详尽了。既然这样，那么北面通向巫峡，南面直到潇水和湘水，被降职远调的官员和诗人，大多在这里聚会，看了自然景物而触发的感情可能会有所不同吧？

像那连绵细雨纷纷而下，整个月都不放晴的时候，阴冷的风怒吼着，浑浊的波浪冲向天空。太阳和星星隐藏起光辉，山岳隐没了形体。商人旅客无法通行，桅杆倒下了，船桨折断了。傍晚时候天色昏暗，只能听到老虎的吼叫和猿猴的悲鸣。这时登上这岳阳楼，就会有离开国都，怀念家乡，担心谗言，惧怕讥讽的心情，再抬眼望去，尽是萧条冷落的景象，感叹到极点而感到悲伤了。

至于春风和煦、阳光明媚时，湖面平静，没有惊涛骇浪，上下天色湖光相接，一片碧绿，广阔无际。沙洲的海鸥，时而飞翔，时而停歇在树上，美丽的鱼游来游去，岸上和小洲上的花草，草木茂盛，青翠欲滴。有时大片烟雾完全消散，皎洁的月光一泻千里，水面上波动的光闪着金色，静静的月影像沉入水中的玉璧，渔夫的歌声响起来一唱一和，这样的乐趣哪有穷尽啊？这时登上这岳阳楼，就会感到心胸开阔、心情愉快，光荣和屈辱一并忘了，在清风吹拂中端起酒来痛饮，那心情真是快乐极了。

唉！我曾经探求古时品德高尚的人的思想感情，或许不同于以上两种人的心情。这是为什么呢？古代品德高尚的人不因外物的好坏和自己的得失而或悲或喜。在朝廷上做官时，就为百姓担忧，处在偏僻的江湖边时，就为国君担忧。这样来说在朝廷做官也担忧，在僻远的江湖也担忧。既然这样，那么什么时候才会感到快乐呢？那他们一定会说"在天下人忧之前就忧，在天下人乐之后才乐吧"。唉！如果没有这种人，我同谁一道呢？

写于庆历六年九月十五日。

僵卧孤村不自哀，尚思为国戍轮台。

——（宋）陆游《十一月四日风雨大作二首》之二

【注解】

（1）僵卧：挺直躺着。

（2）尚：还。

（3）戍轮台：守卫边疆。轮台，汉代西域地名，现在位于新疆轮台县，这里泛指北方的边防据点。

【翻译】

我挺直地躺在孤寂荒凉的乡村里，自己并不感到悲哀，还想着替国家守卫边疆。

【链接】

陆 游

陆游（1125—1210年），字务观，号放翁，越州山阴（今浙江绍兴）人。南宋伟大的爱国诗人、词人。

陆游具有多方面的文学才能，尤以诗的成就为最，12岁即能诗文，有《剑南诗稿》《渭南文集》等数十个文集传世，自言"六十年间万首诗"，今尚存九千三百余首，是我国现有存诗最多的诗人。其中许多诗篇洋溢着强烈的爱国主义激情，在思想上、艺术上取得了卓越成就，生前有"小李白"之称。陆游的词作数量不如诗篇巨大，存词一百三十余首，其名句"山重水复疑无路，柳暗花明又一村""小楼一夜听春雨，深巷明朝卖杏花"等一直被广为传诵。

位卑未敢忘忧国。

——（宋）陆游《病起书怀》

【注解】

（1）位：地位。

（2）卑：卑微。

【翻译】

虽然地位卑微，但是仍不忘关心国家。

【链接】

《病起书怀》

本诗是陆游在淳熙三年四月作于成都。陆游在被免官后病了二十多天，病愈后写了此诗，共二首，此为第一首。

诗人想到自己一生屡遭挫折，壮志难酬，而年事已高，自然有着深深的慨叹和感伤；但他在诗中说一个人盖棺方能论定，表明诗人对前途仍然充满着希望。"位卑未敢忘忧国"成了后世许多忧国忧民的寒士用以自警自励的名言。"位卑未敢忘忧国"同"天下兴亡，匹夫有责"意思相近，虽然自己地位低微，但是从没忘掉忧国忧民的责任，它的主旨就是热爱祖国。

原文：

病骨支离纱帽宽，孤臣万里客江干。

位卑未敢忘忧国，事定犹须待阖棺。

天地神灵扶庙社，京华父老望和銮。

出师一表通今古，夜半挑灯更细看。

翻译：

病体羸弱消瘦，以致头上的纱帽也显得宽大了，孤身一人远离京城，客居江边。

虽然职位低微，却从未敢忘记忧虑国事，人要死后才能盖棺定论的。

期望天地神灵佑护国家，北方父老都在企盼着君主出征。

《出师表》传世之作，忠义之气万古流芳，深夜难眠，还在挑灯细细品读。

风声、雨声、读书声，声声入耳；家事、国事、天下事，事事关心。

——（明）顾宪成为东林书院所题对联

【翻译】

此联为明东林党领袖顾宪成所撰。顾宪成在无锡创办东林书院，讲学之余，往往评议朝政。上联将读书声和风雨声融为一体，既有诗意，又有深意。下联有齐家治国平天下的雄心壮志。风对雨，家对国，耳对心，极其工整，特别是连用叠字，如闻琅琅书声。

保天下者，匹夫之贱，与有责焉耳矣。

——（清）顾炎武《日知录》卷十三《正始》

【注解】

（1）天下：国家。

（2）匹夫：普通百姓。

（3）贱：低下。

【翻译】

保卫国家，即使是地位低下的普通百姓都有责任。

【链接】

顾炎武

顾炎武（1613—1682年），原名绛，字忠清。明亡后，因为仰慕文天祥学生王炎午的为人，改名炎武，字宁人，亦自署蒋山佣。当时的学者尊为亭林先生。南直隶（清改江南省）苏州府昆山县（今江苏昆山）人，明末清初著名的思想家、史学家、语言学家。顾炎武知识渊博，与黄宗羲、王夫之并为明末清初三大儒。

顾炎武反对宋明理学空谈"心、理、性、命"，提倡"经事致用"的实际学问和对器物的研究，强调"形而上者谓之道，形而下者谓之器，非器则道无所寓"，因而提出以"实学"代替"理学"的主张。晚年侧重经学的考证，考订古音，分古韵为十部，认为"读九经自考文始，考文自知音始"。著有《日知录》《音学五书》等他是清代古韵学的开山祖，成果累累；他对切韵学也有贡献，但不如他对古韵学贡献多。

天下兴亡，匹夫有责。

—— （清）吴趼人《痛史》第十回

【注解】

（1）匹夫：百姓。

【翻译】

天下大事的兴盛、灭亡，每一个老百姓都有义不容辞的责任。

【链接】

吴趼人

吴趼人（1866—1910 年），原名沃尧，后改趼人。字小允，又字茧人，广东南海人。因居佛山镇，故笔名为我佛山人，也曾用笔名野史氏、老小海、老少年等。清末小说家。吴趼人幼年丧父，十七八岁到上海谋生，常为报纸撰写小品文，从光绪二十九年开始，在《新小说》杂志上先后发表《电数奇谈》《九命奇冤》《二十年目睹之怪现状》《痛史》等。一生共创作小说三十多种，人称"小说巨子"，是清末谴责小说的杰出代表，其中以《二十年目睹之怪现状》最为著名。

"天下兴亡，匹夫有责"的由来

吴趼人所作《痛史》写南宋灭亡，元军入主中原，权奸贾似道卖国求荣、文天祥等忠臣士奋勇抗元的故事。小说忠实地再现了庙堂腥膻、干戈遍地的民族深重灾难，描写元人淫杀之酷，是一部忧伤愤激之作。书中集中刻画了卖国贼贾似道的形象，他以外戚专擅朝政，荒淫无耻，暗与元勾结，终于得到恶贯满盈的下场。小说忠于史实，兼采讲史与侠义小说之长，感情充沛，笔墨酣恣。

《痛史》第十回中的"天下兴亡，匹夫有责"一句，化自顾炎武《日知录》卷十三《正始》中的"保天下者，匹夫之贱，与有责焉耳矣"。

苟利国家生死以，岂因祸福避趋之。

—— （清）林则徐《赴戍登程口占示家人》

【注解】

（1）苟：如果。

（2）生死：此处指死。

（3）以：而。

（4）避：躲避。

（5）趋：趋向。

【翻译】

如果是有利于国家而死，怎么能因为是福就趋向、因为是祸就躲避呢？

【链接】

林则徐

林则徐（1785—1850年），字元抚，又字少穆、石麟，晚年号俟村老人、俟村退叟、七十二峰退叟、瓶泉居士、栎社散人等，福建侯官（今福州市闽侯县）人。清朝后期的政治家、思想家和诗人，中华民族高举反帝旗帜的第一人，中国近代第一位杰出的民族英雄。

林则徐出身于清贫的塾师家庭。13岁应府试获第一名，14岁考取秀才，20岁中举人，27岁成进士，授翰林院编修。从1820年起，林则徐历任监察御史、按察使、布政使、河督以至巡抚、总督等职，所任官职遍布浙江、河南、江苏、湖南、湖北、两广、陕西、云南等14个省。

在林则徐所处的19世纪，以英国为首的西方殖民者利用鸦片走私侵略中国，致使中国白银大量外流，社会经济受到严重破坏，尤其是人民健康受到严重摧残，面临亡国灭种的危险。林则徐在任江苏巡抚、湖广总督时，就严禁百姓吸食鸦片，取得显著成效。

1838年，林则徐被任命为钦差大臣，赴广东查禁鸦片。由于他态度坚决，措施严厉，斗争有理有节，从英国手里收缴全部鸦片近2万箱，约237万斤，并于1839年

6月3日在虎门海滩上当众销毁。因其主张严禁鸦片、抵抗西方的侵略、坚持维护中国主权和民族利益，深受中国人的敬仰。虎门销烟揭开了中国人民反抗外国侵略斗争史的第一页，并在国际禁毒史上竖起了第一块丰碑。

1840年，英国派兵入侵中国，在广东海面，遭到林则徐统领下的广东水师的痛击。英军在广州不能得逞，遂移师北上，攻占定海，直抵天津大沽口，威胁北京。由于清政府的腐败，导致清政府在鸦片战争中的失败。道光帝惮于英国武力，又受投降派蛊惑，竟把英国的武装入侵归罪于林则徐"办理不善"，将他革职，不久又责令遣戍新疆伊犁。1842年，林则徐被遣戍到新疆伊犁，途中曾写下这样的诗句："苟利国家生死以，岂因祸福避趋之。"

林则徐被史学界称为中国近代史上"开眼看世界的第一人"。在广州期间，他主张为抵抗西方，必须了解西方，为改革中国落后状况，必须学习西方的长处。他主持编译了《澳门新闻纸》《华事夷言》《各国律例》《四洲志》等书，开拓了国人的视野，对后来的维新运动起到了促进作用。

处 世

不念旧恶，怨是用希。

—— （先秦）《论语·公冶长》

【注解】

（1）念：记住。

（2）旧恶：旧仇。

（3）怨：怨恨。

（4）希：通"稀"，少。

（5）是用：因此。

【翻译】

不记着别人的旧仇，因此就很少遭到别人的怨恨。

【链接】

伯夷和叔齐

伯夷、叔齐是商末孤竹君的两个儿子。相传其父遗命要立次子叔齐为继承人。孤竹君死后，叔齐让位给伯夷，伯夷不受，叔齐也不愿登位，先后都逃到周国。周武王伐纣，二人谏阻。武王灭商后，他们耻食周粟，采薇而食，饿死于首阳山。

伯夷、叔齐独行其志，耻食周粟，饿死首阳山以后，在全国产生了广泛的影响。许多著名思想家、政治家、史学家、艺术家以及文人学者、帝王将相纷纷以各种形式歌颂、褒扬伯夷、叔齐。

孔子在《论语》中曾先后多次赞颂伯夷、叔齐，评价伯夷、叔齐"古之贤人也""不念旧恶，怨是用希""求仁而得仁，又何怨"，并评价夷齐"不降其志，不辱其身"。

孟子评价夷齐为"圣之清者"。

管子说："故伯夷、叔齐非于死之日而后有名也，其前行多备矣。"

韩非子说："圣人德若尧舜，行若伯夷。"

汉代史学家司马迁所著的《史记》，把《伯夷列传》作为人物列传的首篇。唐宋八大家之首的韩愈写过一篇《伯夷颂》，赞颂伯夷、叔齐。

己所不欲，勿施于人。

—— （先秦）《论语·颜渊篇》《论语·卫灵公》

【注解】

（1）欲：想做。

（2）勿：不要。

（3）施：施加。

（4）于：介词，在。

【翻译】

自己不想做的事，不要施加在别人身上。

【链接】

孔 子

孔子（前551—前479年），名丘，字仲尼，春秋时期鲁国人。孔子出生于鲁国陬邑昌平乡（今山东省曲阜市东南的南辛镇鲁源村），去世后葬于曲阜城北泗水之上，即今日孔林所在地。孔子是我国古代伟大的思想家和教育家，儒家学派的创始人，世界最著名的文化名人之一。孔子编撰了我国第一部编年体史书《春秋》。

孔子的言行、思想主要载于语录体散文集《论语》及《史记》和《孔子世家》中。《论语》集中体现了孔子的政治主张、伦理思想、道德观念及教育原则等。

道不同，不相为谋。

—— （先秦）《论语·卫灵公》

【注解】

（1）道：主张，理念。

（2）谋：商议。

【翻译】

主张和理念不同，就不能在一起商议事情。

【链接】

管宁割席

出自《世说新语·德行第一》，比喻朋友间一刀两断，中止交往，或不与志不同、道不合的人为友。管宁（158—241年），字幼安，北海郡朱虚（今山东省临朐）人，管仲的后人，三国时魏的高士，自幼好学，饱读经书，一生不慕名利，后因厌恶华歆为人而传有割席而坐的佳话。一生讲学，居辽东。华歆（157—232年），字子鱼，平原高唐（今山东禹城西南）人。汉末、三国时期名士，三国时魏的司徒。

原文：

管宁、华歆共园中锄菜。见地有片金，管挥锄与瓦石不异，华捉而喜，窃见管神色乃掷去之。又尝同席读书，有乘轩服冕过门者，宁读如故，歆废书出观。宁割席分坐，曰："子非吾友也。"

翻译：

管宁和华歆同在园中锄菜，看见地上有一片金子，管宁仍依旧挥动着锄头不停，和看到瓦片、石头一样没有区别，华歆拾起金子而后又扔了它。他们又曾经同坐在一张席子上读书，有个坐着华贵车辆的官员从门前过，管宁还像原来一样读书，华歆却放下书出去观看。管宁割断席子和华歆分开来坐，说："你不再是我的朋友了。"

君子有九思：视思明，听思聪，色思温，貌思恭，言思忠，事思敬，疑思问，忿思难，见得思义。

——（先秦）《论语·季氏》

【注解】

（1）思：思考。

（2）聪：听觉灵敏。

（3）色：脸色。

（4）貌：态度。

（5）忿：生气。

（6）见得：遇到钱财等物质利益。

（7）义：道义。

【翻译】

君子有九件要用心思考的事：看要看得明确，不可以有丝毫模糊；听要听得清楚，不能够含混；脸色要温和，不可以显得严厉难看；容貌要谦虚，恭敬有礼，不可以骄傲、轻忽他人；言语要忠厚诚恳，没有虚假；做事要认真负责，不可以懈怠懒惰；有疑惑要想办法求教，不可以得过且过、混日子；生气的时候要想到后果和灾难，不可以意气用事；遇见可以取得的利益时，要想想是不是合乎义理。

【链接】

《论语·季氏》

本篇包括14章，主要谈论的问题包括孔子及其学生的政治活动、与人相处和结交时注意的原则、君子的三戒、三畏和九思等。其中著名的文句有：

"不患寡而患不均，不患贫而患不安。"

"生而知之。"

"君子有三戒：少之时，血气未定，戒之在色；及其壮也，血气方刚，戒之在斗；及其老也，血气既衰，戒之在得。"

"君子有三畏：畏天命，畏大人，畏圣人之言。"

成事不说，遂事不谏，既往不咎。

——（先秦）《论语·八佾》

【注解】

（1）成事：已经过去的事情。

（2）遂事：已经完成的事。

（3）谏：劝谏。

（4）既往：已经过去的错事。

（5）咎：怪罪，追究。

【翻译】

往事不必再加评说，已经做完的事不再劝谏，做错的事不再追究。

【链接】

《八佾》

《八佾》是《论语》的第三篇，包括26章。本篇主要内容涉及"礼"的问题，主张维护礼在制度上、礼节上的种种规定。孔子提出"绘事后素"的命题，表达了他的伦理思想以及"君使臣以礼，臣事君以忠"的政治道德主张。本篇重点讨论如何维护"礼"的问题。

原文：

1.孔子谓季氏，"八佾舞于庭，是可忍也，孰不可忍也？"

2.三家者以《雍》彻。子曰："'相维辟公，天子穆穆'，奚取于三家之堂？"

3.子曰："人而不仁，如礼何？人而不仁，如乐何？"

4.林放问礼之本。子曰："大哉问！礼，与其奢也，宁俭；丧，与其易也，宁戚。"

5.子曰："夷狄之有君，不如诸夏之亡也。"

6.季氏旅于泰山，子谓冉有曰："女弗能救与？"对曰："不能。"子曰："呜呼！曾谓泰山不如林放乎？"

7.子曰："君子无所争，必也射乎！揖让而升，下而饮，其争也君子。"

8.子夏问曰:"'巧笑倩兮,美目盼兮,素以为绚兮。'何谓也?"子曰:"绘事后素。"曰:"礼后乎?"子曰:"起予者商也,始可与言诗已矣。"

9.子曰:"夏礼吾能言之,杞不足徵也;殷礼吾能言之,宋不足徵也。文献不足故也。足,则吾能徵之矣。"

10.子曰:"禘自既灌而往者,吾不欲观之矣。"

11.或问禘之说,子曰:"不知也。知其说者之于天下也,其如示诸斯乎!"指其掌。

12.祭如在,祭神如神在。子曰:"吾不与祭,如不祭。"

13.王孙贾问曰:"与其媚于奥,宁媚于灶,何谓也?"子曰:"不然。获罪于天,无所祷也。"

14.子曰:"周监于二代,郁郁乎文哉,吾从周。"

15.子入大庙,每事问。或曰:"孰谓鄹人之子知礼乎?入大庙,每事问。"子闻之,曰:"是礼也。"

16.子曰:"射不主皮,为力不同科,古之道也。"

17.子贡欲去告朔之饩羊。子曰:"赐也!尔爱其羊,我爱其礼。"

18.子曰:"事君尽礼,人以为谄也。"

19.定公问:"君使臣,臣事君,如之何?"孔子对曰:"君使臣以礼,臣事君以忠。"

20.子曰:"《关雎》,乐而不淫,哀而不伤。"

21.哀公问社于宰我,宰我对曰:"夏后氏以松,殷人以柏,周人以栗,曰:使民战栗。"子闻之,曰:"成事不说，遂事不谏，既往不咎。"

22.子曰："管仲之器小哉！"或曰："管仲俭乎？"曰："管氏有三归，官事不摄，焉得俭？""然则管仲知礼乎？"曰："邦君树塞门，管氏亦树塞门；邦君为两君之好，有反坫，管氏亦有反坫。管氏而知礼，孰不知礼？"

23.子语鲁大师乐，曰："乐其可知也：始作，翕如也；从之，纯如也，皦如也，绎如也，以成。"

24.仪封人请见，曰："君子之至于斯也，吾未尝不得见也。"从者见之。出曰："二三子何患于丧乎？天下之无道也久矣，天将以夫子为木铎。"

25.子谓《韶》："尽美矣，又尽善也。"谓《武》："尽美矣，未尽善也。"

26.子曰："居上不宽，为礼不敬，临丧不哀，吾何以观之哉？"

爱人者人常爱之，敬人者人常敬之。

——（先秦）《孟子·离娄下》

【翻译】

关爱别人的人，别人也常会关爱他；敬重他人的人，他人也常会敬重他。

【链接】

《孟子》

《孟子》一书是孟子的言论汇编，由孟子及其再传弟子共同编写而成，记录了孟子的语言、政治观点（主要包括仁政、王霸之辨、民本、格君心之非、民贵君轻）和政治行动，属儒家经典著作。其学说出发点为性善论，提出"仁政""王道"，主张德治。《孟子》有7篇14卷传世，包括：《梁惠王》上、下；《公孙丑》上、下；《滕文公》上、下；《离娄》上、下；《万章》上、下；《告子》上、下；《尽心》上、下。南宋时朱熹将《孟子》《论语》《大学》《中庸》合在一起，称"四书"，《孟子》是"四书"中篇幅最大的一本，有三万五千多字。从此直至清末，"四书"一直是科举必考内容。

微事不通，粗事不能者，必劳；大事不得，小事不为者，必贫。

—— （先秦）《晏子春秋·外篇七》

【翻译】

（1）微事：精细的事。

（2）粗事：粗重的活。

（3）必：一定。

【翻译】

精细的事不通晓、粗重的活干不了的人，一定劳累；大事做不了、小事不肯做的人，一定贫穷。

【链接】

《晏子春秋》

《晏子春秋》是中国最古老的传说故事集，大约成书于战国末期。这部书详细地记述了齐国灵公、庄公、景公三朝贤相晏婴（晏子名婴）的生平轶事及各种传说、趣闻，215个小故事相互关联和补充，构成了栩栩如生的完整的晏子形象。晏婴（前578—前500年），字仲，谥平，习惯上多称平仲，又称晏子，夷维人（今山东高密），春秋时代一位重要的政治家、思想家、外交家。《晏子春秋》共8卷，包括内篇6卷（谏上下、问上下、杂上下）外篇2卷，计215章，全部由短篇故事组成。全书通过一个个生动活泼的故事，塑造了主人公晏婴和众多陪衬者的形象。这些故事虽不能完全作为历史看待，但多数是有一定根据的，可与《左传》《国语》《吕氏春秋》等书相互印证，作为反映春秋后期齐国社会历史风貌的史料。

与人善言，暖于布帛；伤人之言，深于矛戟。

——（先秦）《荀子·荣辱》

【注解】

（1）与：给。

（2）矛戟：两种武器。

【翻译】

给人以善良的话，就像冬天的衣服一样让人温暖；伤害别人的话，比用矛戟刺人还要深。

【链接】

荀 子

荀子（约前313—前238年），名况，字卿，因避西汉宣帝刘询讳（"荀"与"孙"二字古音相通），故又称孙卿。战国末期赵国人。荀子是著名思想家、文学家、政治家，儒家代表人物之一，时人尊称"荀卿"。他曾三次出任齐国稷下学官的祭酒，后为楚兰陵（今山东兰陵）令。荀子对儒家思想有所发展，提倡性恶论，常被与孟子的性善论比较，对重整儒家典籍也有贡献。荀子学识渊博，在继承前期儒家学说的基础上，又吸收了各家的长处加以综合、改造，建立起自己的思想体系，发展了古代唯物主义传统。现存的《荀子》32篇，大部分是荀子自己的著作，涉及哲学、逻辑、政治、道德许多方面的内容。

荀子的性恶论

荀子提出性恶论，认为人的本性是恶的，常被与孟子的性善论比较。孔子、孟子在修身与治国方面提出的实践规范和原则，虽然都是很具体的，但又带有浓厚的理想主义成分。孔子竭力强调"克己""修身""为仁由己"等，孟子以"性善"为根据，认为只要不断扩充其"恻隐之心""羞恶之心""辞让之心""是非之心""求其放心"，即可恢复人的"良知""良能"，即可实现"仁政"理想。与孔子、孟子相比，荀子的思想具有更多的现实主义倾向，他在重视礼义道德教育的同时，还强调政法制度的惩罚作用。

故欲胜人者必先自胜，欲论人者必先自论，欲知人者必先自知。

——（春秋）吕不韦《吕氏春秋·季秦纪·先己》

【翻译】

要战胜别人就必须首先战胜自己，要批评别人就必须首先批评自己，要了解别人就必须首先了解自己。

【链接】

《吕氏春秋》

《吕氏春秋》是战国末年（公元前239年前后）秦国丞相吕不韦组织属下门客集体编撰的杂家（儒、法、道等）著作，又名《吕览》。此书共分为十二纪、八览、六论，共12卷，160篇，20余万字。吕不韦自己认为其中包括了天地万物、古往今来的事理，所以号称《吕氏春秋》。

爱而知其恶，憎而知其善。

—— （汉）戴圣《礼记·曲礼上》

【翻译】

爱一个人而知道他的不足，憎恨一个人而知道他的长处。

【链接】

《礼记》

《礼记》是中国古代一部重要的典章制度书籍。《礼记》的内容主要是记载和论述先秦的礼制、礼仪，解释仪礼，记录孔子和弟子等的问答，记述修身做人的准则。实际上，这部九万字左右的著作内容广博，门类杂多，涉及政治、法律、道德、哲学、历史、祭祀、文艺、日常生活、历法、地理等诸多方面，几乎包罗万象，集中体现了先秦儒家的政治、哲学和伦理思想，是研究先秦社会的重要资料。《礼记》与《周礼》《仪礼》合称"三礼"，对中国文化产生过深远的影响，各个时代的人都从中寻找思想资源。《礼记》不仅是一部描写规章制度的书，而且是一部关于仁义道德的教科书。其中最有名的篇章，包括《大学》《中庸》《礼运》（首段）等。《礼运》首段是孔子与子游的对话，又称为《礼运·大同》篇，"大同"二字常用做理想境界的代名词。

凡事豫则立，不豫则废。

—— （汉）戴圣《礼记·中庸》

【注解】

（1）豫：事先有准备。

（2）立：成功。

（3）废：失败。

【翻译】

凡事事先有了准备，就会成功；事先没有准备，就会失败。

【链接】

《中庸》与中庸

《中庸》是《礼记》第三十一篇。宋朝的儒学家对《中庸》非常推崇，将其从《礼记》中抽出独立成书，朱熹则将《中庸》与《论语》《孟子》《大学》合编为"四书"。

中庸在字面上的解释即是"执中"之意，而执中又当求"中和"，在一个人还没有表现出喜怒哀乐时的平静情绪为"中"，表现出情绪之后经过调整而符合常理为"和"。其主旨在于修养人性。其中涉及学习的方式（博学、审问、慎思、明辨、笃行），做人的规范如"五达道"（君臣、父子、夫妇、兄弟、朋友之交）和"三达德"（智、仁、勇）等。中庸所追求的修养的最高境界是"至诚"。

中庸强调"诚"的重要，"诚"即是《大学》中所述说的"诚意"。"诚"被说成是人先天的本性，而所谓"不诚无物"，至诚的人才能充分地发挥本性与感化人群，进而成为人们的最高典范。

中庸之道是很难达到的完美境界。孔子曾说："天下国家可均也，爵禄可辞也，白刃可蹈也，中庸不可能也。"

乘人之车者载人之患，衣人之衣者怀人之忧，食人之食者死人之事。

—— （汉）司马迁《史记·淮阴侯列传》

【注解】

（1）载：装，这里指分担。

（2）患：祸患。

（3）衣人之衣：穿了别人的衣服。

（4）食人之食：吃了别人的食物。

（5）死人之事：为别人的事而死。

【翻译】

坐了别人的车，就要与别人祸难共担；穿了别人的衣服的人，就应该以别人之忧为忧；吃了别人食物的，就应该为别之事舍身赴死。

【链接】

《史记》

《史记》是西汉时期的历史学家司马迁编写的一本历史著作。《史记》是中国古代最著名的古典典籍之一，与后来的《汉书》《后汉书》《三国志》合称"前四史"。

《史记》最初无固定书名，或称《太史公书》，或称《太史公记》《太史公传》，也省称《太史记》《太史公》。

"史记"本来是古代史书的通称，从三国时期开始，"史记"由史书的通称逐渐成为《太史公书》的专称。

《史记》记载了上至中国上古传说中的黄帝时代，下至汉武帝元狩元年，共三千多年的历史。全书包括十二本纪、三十世家、七十列传、十表、八书，共130篇，52.65万字。作者司马迁以其"究天人之际，通古今之变，成一家之言"的史识，使《史记》成为中国第一部，也是最出名的纪传体通史。

《史记》对后世史学和文学的发展都产生了深远影响。其首创的纪传体编史方法为后来历代"正史"所传承。《史记》还被认为是一部优秀的文学著作，在中国文学史上有重要地位。鲁迅称其为"史家之绝唱，无韵之离骚"。

当断不断，反受其乱。

—— （汉）司马迁《史记·齐悼惠王世家》

【注解】

（1）断：决断。

（2）乱：祸乱。

【翻译】

在关键时刻应该作出决断时就要勇于决断，否则机会就会错失，反而遭受祸乱。

【链接】

《史记》的体例

《史记》共143篇，有十二本纪、十表、八书、三十世家、七十列传，其中的本纪和列传是主体。

本纪：是全书提纲，按年月时间记述帝王的言行政绩。

表：用表格来简列世系、人物和史事。

书：记述制度发展，涉及礼乐制度、天文兵律、社会经济、河渠地理等诸方面内容。

世家：记述子孙世袭的王侯封国史迹和特别重要人物事迹。

列传：是帝王诸侯外其他各方面代表人物的生平事迹和少数民族的传记。

《史记》的文章可分成两个部分：前面的正文是人物的生平描述，这部分皆以代表性事件或逸事衔接交杂而成。正文后面会加上作者的评论或感想，通常以"太史公曰"为起头，内容或有作者的个人经历，或有对人物的评价，或有收集资料的过程，但仍以评论题材人物的性格与行事为主，这也呼应司马迁在自序中"究天人之际"的写作目标。

记人之善，忘人之过。

——（晋）陈寿《三国志》

【翻译】

记住别人的好处，忘记别人的过错。

【链接】

陈　寿

　　陈寿（233—297年），字承祚，西晋巴西安汉（今四川南充）人，《三国志》的作者。陈寿小时候好学，师从于同郡学者谯周，在蜀汉时曾任卫将军主簿、东观秘书郎、观阁令史、散骑黄门侍郎等职。当时，宦官黄皓专权，大臣都曲意附从。陈寿因为不肯屈从黄皓，所以屡遭遣黜。蜀汉灭亡后，晋司空张华爱其才，就向司马炎推荐陈寿，陈寿再次为官，历任著作郎、长平太守、治书侍御史等职。在职期间，陈寿整理出了诸葛亮的文集，命名为《蜀相诸葛亮集》，同时写出了有名的《三国志》，共计65卷。

《三国志》

　　《三国志》是一部记载魏、蜀、吴三国鼎立时期的纪传体断代史。其中，《魏书》30卷，《蜀书》15卷，《吴书》20卷，共65卷。记载了从魏文帝黄初元年到晋武帝太康元年60年的历史。对于今天的大多数人来说，了解"三国文化"多是通过明代罗贯中所撰四大名著之一的《三国演义》，那么这两部相距千年的著作之间究竟是一种什么样的关系呢？《三国志》是史书，《三国演义》是历史小说，《三国演义》的全称是《三国志通俗演义》，现在统称《三国演义》。《三国志》与《史记》《汉书》《后汉书》一起被后世史学家尊称为"中华史学名著前四史"，历代史学家对《三国志》都有着极高的评价。国内外众多专家学者认为，陈寿的《三国志》是时至今日已经形成的"三国文化"的源头。

无道人之短，无说己之长；施人慎勿念，受施慎勿忘。

——（南朝·梁）萧绎《金楼子·戒子篇》

【注解】

（1）无：不要。

（2）道：议论。

（3）施：施舍。

（4）慎：千万。

【翻译】

不要津津乐道于人家的短处，不要夸耀自己的长处；

施恩于人不要再想，接受别人的恩惠千万不要忘记。

【链接】

萧 绎

萧绎（508—554年），字世诚，小字七符，自号金楼子，南兰陵（今江苏武进）人。南朝时期梁代皇帝（公元552年至公元554年在位），称梁元帝。

萧绎即帝位之后，其弟武陵王萧纪称帝于益州，于是萧绎便派兵前往四川消灭萧纪，同时请求西魏出兵。此举给了西魏可乘之机，益州因此沦落敌手。公元554年，萧绎给西魏宇文泰写信，要求按照旧图重新划定疆界，言辞又极为傲慢。宇文泰大为不满，命令常山公于谨、大将军杨忠等将领以5万兵马进攻江陵（今湖北江陵县）。梁元帝战败，由御史中丞王孝祀作降文。随后，便率太子等人到西魏军营投降，不久被萧詧以土袋闷死。

江陵被围城时，萧绎入东合竹殿，命舍人高善宝放火焚烧图书14万卷，包括从建康为避兵灾而转移到江陵的8万卷书，自称："文武之道，今夜尽矣！""读书万卷，犹有今日，故焚之。"江陵焚书被视为中国的文化浩劫之一，明朝大思想家王夫之骂他："国家安危之际，却天天读《老子》，焉能不亡？"

萧绎是一个爱好读书与喜好文学的君主，自称"韬于文士，愧于武夫"，曾主编《金楼子》等书。萧绎还善画佛画、鹿鹤、景物，技巧全面，尤其善于画域外人的形貌。传世的《职贡图》是北宋年间的摹本。

动必三省，言必再思。

——（唐）白居易《策林一》

【注解】

（1）动：行动。

（2）三省：多次思考，三在古汉语中表示"多"的概念。

（3）言：说话。

（4）再：第二次。

【翻译】

行动时一定要多次思考，说话时也要两次思量。

【链接】

白居易

白居易（772—846年），字乐天，晚号香山居士、醉吟先生，曾以诗仙、诗魔自比，另有"广大教化主"的称号，生于河南新郑（祖籍山西太原）。唐代文学家。

白居易早年积极从事政治改革，关怀民生，倡导新乐府运动，主张诗歌创作不能离开现实，应取材于现实事件，反映时代状况，是继杜甫之后实际派文学的重要领袖人物之一。白居易晚年虽不改关怀民生之心，但因政治上的不得志，而放意于诗酒，作《醉吟先生传》以自况。白居易与元稹齐名，人称"元白"，两人是文学革新运动的伙伴。晚年白居易又与刘禹锡唱和甚多，人称"刘白"。

白居易是中唐最具代表性的诗人之一。他一生作诗很多，以讽喻诗最为有名，语言通俗易懂，被称为"老妪能解"。白居易善于写长篇叙事诗，《琵琶行》《长恨歌》《卖炭翁》等极为有名。其中《琵琶行》中的"千呼万唤始出来，犹抱琵琶半遮面""同是天涯沦落人，相逢何必曾相识"为传世名句。白居易的作品，在作者在世时就已广为流传于社会各地各阶层，在新罗、日本等地也产生了很大影响。白居易的主要作品有《长恨歌》《琵琶行》《卖炭翁》《赋得古原草送别》《钱塘湖春行》《暮江吟》《忆江南》《大林寺桃花》《同李十一醉忆元九》《直中书省》《长相思》《题岳阳楼》《观刈麦》《宫词》《问刘十九》《买花》《自河南经乱关内阻饥兄弟离散各在一处因望》《与元九书》等。

记人之长，忘人之短。

—— （唐）张九龄《敕渤海王大武艺书》

【翻译】

记住别人的长处，忘记别人的短处。

【链接】

张九龄

张九龄（678—740年），字子寿，韶州曲江人（现广东省韶关市），人称"张曲江"。唐代著名诗人、宰相。卒谥文献。

张九龄是开元时期的贤相之一，也是唐代唯一个由岭南书生出身的宰相。他耿直温雅，风仪甚整，时人誉为"曲江风度"。即使罢相后，如有人向唐玄宗举荐人才，唐玄宗就问："其人风度得如九龄否？"

开元末年，唐玄宗倦于朝政，沉迷享乐，疏远贤人，亲近小人。在小人得志的凶险政情下，张九龄能守正嫉邪，刚直不阿，成为"安史之乱"前最后一位公忠体国、举足轻重的唐室大臣。张九龄坚拒武惠妃的贿赂，粉碎了她危及太子的阴谋。张九龄反对任用奸佞的李林甫、庸懦的牛仙客为相，以至于屡忤唐玄宗意志，终于被罢相。

张九龄目光长远，曾预言安禄山"貌有反相，不杀必为后患"，然而不为唐玄宗重视。20年后，"安史之乱"果然发生，唐玄宗仓皇入蜀，忆起张九龄当年之预言，痛哭之余，只有遣使祭奠故人。

张九龄7岁知属文，曾作《感遇》诗12首，名列《唐诗三百首》第一首，和陈子昂的《感遇》38首相提并论，其中"草木有本心，何求美人折"一联，更是他高洁情操的写照。另外，张九龄的五言律诗情致深婉，如《望月怀远》一句"海上生明月，天涯共此时"为千古绝唱。有《张曲江集》传世。

大丈夫行事，论是非不论利害，论逆顺不论成败，论万世不论一生。

——（宋）谢枋得《与李养吾书》

【注解】

（1）大丈夫：杰出的人才，人格高尚的君子。

【翻译】

大丈夫做事，只看事情本身的对还是不对，并不考虑所做之事给本身带来的利与弊；只看事情进展的顺利与否，并不对成与败的问题瞻前顾后；只考虑事情的长远效果，并不在乎生前别人的评价。

150

【链接】

谢枋得

谢枋得（1226—1289年），字君直，号叠山，信州弋阳（今属江西）人。南宋著名的文学家和爱国诗人，有《叠山集》传世，存词一首。

宝祐四年，谢枋得与文天祥同科进士，性好直言，因得罪贾似道而遭黜斥。德祐元年，以江东提刑、江西诏谕使治理信州（今江西上饶），谢枋得出资十万贯招信、抚两州义士万人驰援江防部队，因功升任兵部架阁。次年正月率兵与元军在安仁（今余江）展开血战，无援而败，妻小皆被俘，押于金陵监狱。其妻李氏饶州安仁人，守节缢死，谢枋得三位弟弟先后遇难，女儿葵英投水自尽。

南宋灭亡后，谢枋得隐居于建宁（今福建省建颐县）唐石山，后流寓福建建阳山，以卖卜教书度日，不索钱财，只取大米和草鞋而已。元朝统治者先后五次征聘，谢枋得坚辞，并写《却聘书》："人莫不有一死，或重于泰山，或轻于鸿毛，若逼我降元，我必慷慨赴死，决不失志。"

至元二十六年，谢枋得被福建行省参政魏天佑强制送往大都（今北京），拘留于悯忠寺（今法源寺）。见壁间有曹娥碑，谢枋得哭泣道："小女子犹尔，吾岂不汝若哉！"后来谢枋得绝食五日而死，至死未降为元臣。《宋史列传》对谢枋得是这样描绘的："为人豪爽，每观书五行俱下，一览终身不忘。性好直言，一与人论古今治乱国家事，必掀髯抵几，跳跃自奋，以忠义自任。"

天下事当于大处著眼，小处下手。

——（清）曾国藩《致吴竹书》

【注解】

（1）著眼：考虑。

【翻译】

国家大事应当从全局考虑，从小处下手做起。